Manual
de administración
de oficinas

*Una guía para secretarias, asistentes administrativos
y otros empleados de oficina*

Director de colección:
Ernesto Gore

Edición original:
Self-Counsel Press Inc.

Título original:
The Office Management Manual

Traducción:
Lic. Alma R. Gieschen

Anne Morton

Manual de administración de oficinas

A mi amado, ya fallecido esposo Buck, la luz de mi vida durante 27 años, cuyo querido recuerdo fue para mí una fuente de inspiración, estímulo y energía que me permitió escribir este libro;

y a mi hijo Chip
que me estimuló y apoyó cuando más lo necesitaba.

INDICE

AGRADECIMIENTOS

Las palabras no alcanzan para expresar mi hondo agradecimiento a la persona que figura primera en la lista, mi querida amiga y vecina, Carla Schardt. Me ayudó a terminar este libro, dedicando gran parte de su tiempo a corregir las pruebas, editar y hacer sugerencias. Pero por sobre todas las cosas, Carla, gracias por tu cariño y tu permanente apoyo moral en un momento difícil en la vida de ambas.

Kelan Putbrese, una artista de mucho talento y una ex estudiante, que diseñó el logotipo para *El compañero de la secretaria (The Secretary's Friend)* y la edición original del libro.

Además, los siguientes amigos contribuyeron brindado su tiempo, su energía y sus ideas a mi libro: Anne M. Rowe, Barbara Loventvirth, David Hunsaker, Keith E. Putbrese, Virginia Russell, y Carl E. Jorgensen.

PREFACIO

Mi formación como secretaria me brindó algunas de las experiencias más valiosas que fuera posible vivir. Aprendí a trabajar con otras personas, lo que me ayudó a prepararme para la práctica de la docencia. Pasé de la práctica de una profesión noble y necesaria, a la práctica de otra de iguales características. Ambas me proporcionaron muchas recompensas y experiencias de realización, placer, satisfacción y felicidad. Las secretarias, en particular las que fueron mis alumnas, son muy especiales para mí.

Debido a que hace 34 años que soy profesora de estudios comerciales, he entrenado a miles de secretarias para desempeñarse en el comercio, la industria y en oficinas del gobierno local y federal. Debido a que *The Secretary's Friend (El compañero de la secretaria)*, el boletín de noticias que escribo y distribuyo internacionalmente, despertó mucho interés en mis antiguas alumnas, secretarias, colegas, y escuelas de formación de secretarias, decidí escribir este libro. Espero que sea tan bien recibido como lo es mi boletín.

Desde mi primer trabajo como secretaria, hace tres décadas, las oficinas comerciales han sufrido muchos cambios. El antiguo tablero, negro y vacío, donde por primera vez aprendí dactilografía, se ha transformado en una maravilla de la electrónica, colorida, con memoria y funciones de edición. Un nuevo tablero, el Dvorak, está apareciendo en el horizonte, y para el año 2000, se predice que las secretarias van a poder hablar con sus procesadores de texto por medio del reconocimiento automático de la voz.

Con el ingreso de los ordenadores en el mundo de las empresas, la terminología comercial se ha vuelto muy técnica. La copia con carbónico ha sido reemplazada por la fotocopia y las máquinas de sumar de diez teclas, antes tan escasas que los profesores tenían que firmar un contrato para conseguir una a fin de hacer el promedio de las calificaciones, han sido reemplazadas por calculadoras electrónicas con impresora, de bolsillo de las que existe una en el bolsillo de cada estudiante, en el ataché de todo ejecutivo, y en el escritorio de las secretarias. A través de sistemas electrónicos se pueden enviar, en cuestión de unos pocos minutos, láminas, gráficos, y documentación escrita a todas partes del mundo. El archivo estandar, gris, ha sido reemplazado por los archivos en estantes laterales, clasificados según el color, por microfichas y otros métodos de registro electrónico para oficinas. Hasta al teléfono se le han incorporado algunas posibilidades del procesador de textos, y es utilizado en todo el mundo por el bajo coste de la comunicación. Los cambios tecnológicos en los procedimientos y en los equipos continuarán de manera inevitable. Sin embargo, existe un elemento que no ha cambiado, ni cambiará: la necesidad de contar con secretarias competentes y que tengan una buena formación. La suya es, sin duda, una profesión necesaria.

Quizá usted haya oído decir que en las oficinas del futuro no existirán los papeles, y que serán reemplazadas por robots. ESTO NO SUCEDERA. De hecho, ya existe una seria escasez de secretarias. Es verdad, en algunas grandes corporaciones, los robots ya están realizando las tareas repetitivas, para las que se requiere gran concentración de mano de obra, tales como despachar cartas o llevar y traer papeles de la fotocopiadora. Debiera darles la bienvenida con los brazos abiertos. Permítales que realicen estas operaciones que demandan mucho tiempo, dejándole tiempo libre para utilizar conocimientos que las máquinas no tienen: los conocimientos de una secretaria PROFESIONAL. En las páginas siguientes, le ofrecemos consejos sobre nuevos procedimientos y técnicas destinados a ahorrar tiempo, que le serán de utilidad para desempeñar su rol profesional. Espero que las secretarias, las que estudian para ser secretarias, los jefes, y otros que trabajan en oficinas, puedan encontrar aquí enfoques que les permitan hacer que las tareas rutinarias resulten más sencillas, menos aburridas, de menor coste, y quizá hasta más divertidas. También espero que encuentren soluciones para algunos de los problemas que todos enfrentamos cuando debemos manejar personas, equipos nuevos, y nuevos procedimientos en una oficina. Consulte este libro como lo haría con un amigo.

Parte I

Introducción

1 EL CAMBIANTE ROL DE LA SECRETARIA

Debemos ser perseverantes y, ante todo, confiar en nosotros mismos. Debemos estar convencidos de que tenemos talento para algo.

Madame Curie

Cambios tecnológicos sin precedentes están tomando por asalto la oficina moderna. Los equipos antiguos deben ceder su lugar a máquinas innovadoras, y los antiguos métodos son reemplazados por enfoques novedosos. ¿Cuál es el impacto de estos cambios sobre el rol de la secretaria? ES BASTANTE CONSIDERABLE. Como parte integral y vital de la oficina, la secretaria se ha transformado en el centro nervioso del comercio, la industria, y todos los niveles del gobierno.

Las responsabilidades de la secretaria se han ampliado de tal forma, que se puede afirmar que la oficina es el territorio sobre el cual ejerce su soberanía. Además de que su imagen se ha vuelto más destacada, su rol está cambiando. No solamente utilizan procesadores de textos, sino que además muchas están utilizando ordenadores para preparar planillas y gráficos financieros. La secretaria recibe frecuentemente el nombre de asistente administrativa, una denominación que implica un aumento de responsabilidades. Se necesitan nuevas orientaciones para poder hacer frente al desafío planteado por las nuevas tecnologías. No alcanza con tener dominio sobre un área del conocimiento. Una secretaria debe tener la habilidad de transferir sus conocimientos de una tecnología a otra diferente. Debe ser capaz de escuchar, de pensar, y de seguir instrucciones. Estos son prerrequisitos indispensables para tener áxito en cualquier empleo, siendo especialmente importantes en el ambiente de las oficinas de hoy.

El saber escuchar nunca fue más importante que actualmente. Ya que gran cantidad de información es procesada a partir de lo oral, ya sea lo que dice una persona o un medio electrónico, las indicaciones deben primero ser comprendidas, antes de poder ser seguidas.

Una secretaria debe tener la habilidad de tomar decisiones, fijar prioridades, y utilizar su buen juicio. Ninguna máquina, no importa cuán sofisticada, puede ofrecer BUEN JUICIO. Con los jefes tan ocupados, en continuo movimiento, las secretarias deben encargarse, cada vez más, de tomar decisiones relacionadas con la oficina. Deben estar dispuestas y ser capaces de manejar las presiones que vienen junto con el incremento de las responsabilidades.

Las habilidades comunicacionales también son prerrequisitos para el éxito en el manejo de personas, procedimientos, y equipos. Un buen manejo del idioma es necesario para transferir adecuadamente los mensajes escritos y orales. Conocer bien la ortografía, los signos de puntuación, y la gramática, es de suma importancia para poder realizar las tareas de edición, corrección de textos, y trabajar con procesadores de textos.

La secretaria moderna ya no está aislada en un escritorio, dentro de una sola oficina, con un solo jefe, sino que debe ser capaz de tratar con un gran número de personas. Ya que en las oficinas a menudo debe compartir el espacio, los equipos y los jefes, resulta esencial que la secretaria comprenda la operación global de la organización, si es que va a actuar como una embajadora de buena voluntad, haciendo de coordinadora entre el jefe y otros miembros del equipo o entre el jefe y el cliente. La secretaria es el factor humano dentro de la oficina. Yo desafío a cualquier máquina a cumplir con ese rol. Nunca se debe subestimar el impacto que tienen las secretarias en las relaciones públicas.

LAS ACTITUDES TAMBIEN ESTAN CAMBIANDO

Además de un incremento en las responsabilidades, debido a la automatización, se han modificado los títulos, las oportunidades de promoción y, lo que es más importante aun, las actitudes hacia el management. Los que buscan empleo ya no ven el trabajo de secretaria como una elección vocacional, sino que acuden en masa a los avisos. Las personas del mundo del management reconocen en la actualidad que la tecnología de avanzada hace necesario contar con personal mejor formado y con mayor nivel de educación; las secretarias disfrutan de mejores perspectivas laborales y de mejores sueldos. La secretaria es una profesional.

En el pasado, la posibilidad de que una secretaria progresara en su carrera dependía de cuántos peldaños de la escalera corporativa lograba subir el jefe o directivo. Hoy, las oportunidades para progresar son independientes del éxito que tenga el directivo. Ahora, más que nunca, las secretarias tienen la oportunidad de aplicar la educación, el entrenamiento y la experiencia laboral que han obtenido. Al hacer esto, extraen los beneficios derivados de ser reconocidas profesionalmente, de contar con oportunidades para ocupar puestos más importantes, y de las posibilidades de avanzar más rápidamente en la estructura corporativa. Las actitudes hacia la secretaria continuarán cambiando a medida que los viejos mitos se desvanezcan y se acepte la realidad de esta era moderna. ¿Quién sabe a dónde irá a parar la secretaria de hoy? ¿A la casa de gobierno? No se ría. El joven Lyndon Baines Johnson, el trigésimo sexto presidente de los Estados Unidos, trabajó una vez de secretario. Secretarias, no se rindan.

¿ESTA PREPARADA PARA UN CAMBIO DE NOMBRE?

Para estar a tono con el ritmo de la época actual, en muchas grandes organizaciones se requieren personas que estén especializadas en determinados conocimientos. Debido a la especialización, los títulos han cambiado, debiendo reflejar más claramente las responsabilidades que implica el puesto. Esto también ha producido la modificación de los títulos que se otorgan a algunos cargos secretariales.

La palabra "secretaria" se deriva del latín "secreto" y significa "alguien a quien se le confían secretos". En el Diccionario de la Real Academia Española, se define como "Persona encargada de escribir la correspondencia, extender las actas, dar fe de los acuerdos y custodiar los documentos de una oficina, asamblea o corporación".

En vista de estas definiciones, no nos debe extrañar demasiado que se hayan creado una cantidad de títulos nuevos para esa persona que domina las aptitudes necesarias para hacer trabajos de oficina y que es responsable de lograr que las tareas se desarrollen con fluidez. Veamos a continuación algunas de las descripciones más apropiadas que han reemplazado el título tradicional de secretaria:

Auxiliar administrativo
Coordinadora de logística
Administradora de oficina
Jefa de oficina

Coordinadora de oficina
Directora regional
Secretaria ejecutiva
Asistente de dirección
Asistente de marketing
Jefa comercial
Asistente comercial
Coordinadora administrativa
Especialista en administración
Directora de administración
Coordinadora de servicios de oficina
Auxiliar administrativo de oficina
Asistente técnico
Asistente de personal
Ayudante de personal

Nuevas especialidades, nuevos nombres. Cualquiera sea su título, todos saben que usted es una de las personas indispensables, necesarias para la supervivencia de la oficina.

2 SU PRIMER TRABAJO COMO SECRETARIA

Grandioso es el arte de comenzar.
Henry Wadsworth Longfellow

En algún momento, todos debemos comenzar en nuestro primer empleo. Para algunos, esto es más difícil que para otros. El temor y la ansiedad transforman lo que debería ser un período de expectación anhelante en un período de tensión. Al terminar su primer día de trabajo, y a medida que transcurren las primeras semanas y meses, debe sentir confianza en sí misma. Al principio, esta no es una tarea sencilla, pero recuerde que alguien depositó su confianza en usted, ya que la eligió para ese empleo.

Vestirse de manera adecuada para la oficina le hará sentirse eficiente y profesional. Si es amable, cortés y servicial se ganará el respeto de su nuevo jefe y compañeros de trabajo. Sonría mucho. A medida que aprenda los pormenores de la tarea a desempeñar, adquirirá confianza en sí misma, que es la marca de un profesional.

A continuación, le brindaremos algunos consejos para hacer más fácil su primer trabajo como secretaria:

- Aprenda lo más pronto posible todo lo que pueda sobre las políticas de la compañía. ¿Cuáles son las reglas referidas a las horas de llegada y partida de la oficina, a los descansos para el almuerzo y para tomar café, las horas extra, fumar, ausencias por enfermedad, y las llamadas telefónicas personales? Comience por respetar todos los reglamentos.
- Preocúpese por entender cómo es la estructura administrativa de su oficina. ¿Depende usted y recibirá trabajo de una o de varias personas? Si ha sido nombrada para un centro de procesamiento de textos, esto es particularmente importante, ya que serán varios los sectores que le derivarán trabajos.
- Aprenda lo más rápidamente posible los nombres de todos los empleados con quienes trabaja. Tenga la certeza de escribir y pronunciar sus nombres correctamente.

La voluntad de triunfar es importante en la carrera de toda persona. Decídase a hacer todo lo posible en ese sentido. Cuando tenga que enfrentar nuevas responsabilidades, tome la decisión de dominarlas. Al tener un enfoque positivo, hará exactamente eso.

Ya sea que esté por comenzar su primer empleo, o uno nuevo, tome en cuenta las siguientes recomendaciones tradicionales, que se pueden aplicar en cualquier situación:

- Escuche cuidadosamente todas las instrucciones. Haga preguntas si algo no está claro. El saber escuchar con eficacia es un elemento muy importante en el mundo de los negocios. ES IMPORTANTE QUE LO UTILICE.
- Ponga todo por escrito. No confíe en su memoria: al comenzar, serán demasiadas las cosas que deberá recordar.
- Concéntrese en la tarea que le han asignado. No piense en la segunda tarea, hasta que no haya terminado la primera. Ya tendrá tiempo suficiente para hacer juegos malabares con varias tareas, luego de que las haya dominado individualmente.
- Luche por no equivocarse. No se conforme con un trabajo casi perfecto. Repita una tarea hasta que alcance su meta. La velocidad llegará más adelante.
- No se apure. Tómese bastante tiempo para cumplir con las tareas. La prisa es la causa de un alto porcentaje de errores.
- Practique tener paciencia. Observe sus emociones. Un empleo nuevo pone a prueba la paciencia de cualquiera, y puede perder el control de sus emociones.

La nueva secretaria debería desarrollar hábitos que le sean útiles en otros puestos en el futuro, ya sean secretariales o directivos.

- Mantenga un calendario actualizado de todas las actividades de la oficina, incluyendo las fechas de las reuniones, de las convenciones y de las vacaciones de los miembros del equipo. Además de un calendario diario, tenga una agenda donde registrar los compromisos de su jefe.

- El uso de un archivo auxiliar, para recordar las tareas que tiene entre manos, también le ayudará a anticiparse a lo que tiene que hacer. Este tipo de archivo tiene divisiones por fechas. Un archivo así, también llamado de tareas pendientes, le asegurará poder cumplir con sus tareas, dentro de la comunidad de la oficina, puntual y eficazmente.
- Utilice un archivo para lectura. En su tiempo libre, consulte las copias de los documentos y de las cartas que tiene en los archivos en su oficina. Esto le permitirá tener una perspectiva detallada de su trabajo y de la compañía. Le conviene familiarizarse con la terminología utilizada frecuentemente en los dictados o en las conversaciones que se mantienen en la oficina. Elabore signos taquigráficos para los términos que se usan con frecuencia.
- Desarrolle hábitos de lectura. Cuanto más rápido lea, más velozmente podrá realizar sus tareas.
- Sea claro y conciso en todas sus instrucciones orales y escritas, manteniendo así un buen nivel de comunicación.
- Trate de simplificar los procedimientos de la oficina. Mientras se adapta a su nuevo puesto, busque constantemente maneras de ahorrar tiempo. Si aplica métodos eficientes para completar los trabajos de rutina, podrá evitar que se transformen en tareas poco agradables y monótonas. Manténgase al corriente sobre los materiales más novedosos para oficinas y los equipos disponibles en el mercado, y trate de estar al tanto respecto de los nuevos programas para los ordenadores. Estos elementos le harán más fácil el trabajo.

- Aprenda a desempeñar las tareas de otras personas. Su contribución, cuando un compañero de trabajo está enfermo o de vacaciones, se volverá invalorable.
- Ofrézcase voluntariamente a realizar trabajo extra. Si para cumplir con un determinado proyecto, es necesario trabajar horas extra, a la noche, o durante los fines de semana, solicite participar en el mismo. Su iniciativa y compromiso no pasarán inadvertidos.
- Participe en reuniones y seminarios relacionados con su profesión y tome contacto con las asociaciones de secretarias.

ADMINISTRACION DEL TIEMPO PARA LA SECRETARIA

El hecho de no cumplir con un compromiso es un acto de deshonestidad. Con igual razón puede tomar prestado el dinero o el tiempo de otra persona.

Horace Mann

Las secretarias deben saber administrar su tiempo, a fin de cumplir con los exigentes programas de actividades diarias.

El saber administrar bien su tiempo no solamente influye en la productividad, sino que también elimina mucha frustración y estrés que la mayoría enfrenta cuando tiene que realizar un sinnúmero de actividades en solamente ocho horas. Tener que manejar informes confidenciales, cumplir con pedidos urgentes, preparar cartas especiales, arreglárselas con la rotura de equipos, tener que cumplir con distintas fechas tope, además de manejar las diversas responsabilidades propias de la función de las secretarias, hace estragos con su tiempo. A continuación, veamos algunas técnicas que son beneficiosas para administrar bien su tiempo:

- Es indispensable fijarse objetivos. Esto requiere organizar y planificar las actividades por anticipado, de acuerdo con objetivos a largo plazo, semanales, y —los más difíciles de cumplir— objetivos diarios. Fíjese metas estimulantes pero realistas. No se fije metas incumplibles. Póngalas por escrito; mejor aún, escríbalas en su procesador de textos para poder revisarlas y modificarlas fácilmente.
- Haga una evaluación de sus potencialidades y sus debilidades. Aprenda a utilizarlas todas en provecho propio. ¿Qué es lo que más le gusta hacer? ¿Cuáles son las técnicas y los enfoques que mejor funcionan para usted? ¿Es una persona mañanera, o su energía surge hacia la tarde? Tenga estos aspectos en mente cuando establezca sus objetivos.
- Tenga confianza en sí misma. Si no cree en sí misma, nadie creerá en usted. Las metas relacionadas con el trabajo y las personales pueden integrarse.
- Establezca prioridades. Trace un derrotero y no lo abandone; sea perserverante. Aprenda a decir NO. Usted no puede encargarse de todos los trabajos que alguien le pide y a la vez completar su propio trabajo.
- Organice su lugar de trabajo, a fin de tener todo lo que necesita a mano. Ordene los muebles y los equipos de tal forma que le sea fácil moverse dentro de la oficina. Tenga sus papeles archivados de tal manera que no pierda tiempo buscando algún informe en particular, tal como la solicitud del presupuesto del año pasado. Codifi-

car con colores es un método excelente para archivar papeles, en especial si trabaja para varias personas: carpetas, etiquetas, bandejas de diskettes, etc. de color azul para contaduría; verde para todos los materiales de tipeo; rojo para trabajos especiales.

- Organice sus tareas para que se adecuen a su nivel de agudeza mental. Le conviene planificar lo que va a hacer temprano por la mañana, cuando está más descansada y con la mente más fresca. Si se encuentra al final de un día cansador, no intente dedicarse a un trabajo que exija una intensa concentración.
- Elabore y revise regularmente listas de cosas para hacer, y coordine su calendario profesional y el personal.
- A menudo podrá realizar dos tareas a la vez. Una llamada para responder a una solicitud de su jefe puede aprovecharse para conseguir información que en un futuro tendrá que pedir a la misma fuente.
- Fíjese fechas tope y tenga la seguridad de cumplirlas.

- Delegue responsabilidades. Permita que los miembros más jóvenes del equipo le ayuden a formatear discos de datos, a corregir pruebas, a realizar llamadas telefónicas de rutina, etc.
- Muéstrese orgullosa de lo que logra y comparta sus éxitos con otros. El entusiasmo es contagioso. Sus compañeros de trabajo sentirán lo mismo y estarán también más motivados.
- Finalmente, tenga una actitud psicológica positiva en ese primer trabajo:

(a) Enfrente el hecho de que algunas de sus obligaciones son menos atractivas que otras.

(b) Venza los obstáculos sin dejarse deprimir por pequeñas molestias.

(c) Pregúntese dónde quiere estar dentro de los próximos cinco años. Luego pregúntese que está haciendo para llegar allí.

EL FUTURO DEPENDE DE USTED Y COMIENZA CON ESE PRIMER TRABAJO. La puerta que da paso a las oportunidades tiene un cartel que dice "empuje."

Parte II

La secretaria administra

3 EL ESPACIO PARA LA OFICINA Y LOS EQUIPOS

La productividad no es una consecuencia de cuán duramente trabajamos, sino de lo bien que utilizamos nuestra inteligencia, nuestra imaginación y nuestro capital.

Henry Ford II

EL ROL DE LA SECRETARIA EN EL PLANEAMIENTO DEL DISEÑO DE LA OFICINA

Hace tiempo, la secretaria que tradicionalmente conocemos estaba aislada en un área pequeña con un jefe, tomando dictado, haciendo llamadas telefónicas de rutina, contestando cartas y archivando documentos en forma manual. La secretaria de hoy en día está en una posición única, que le permite formar parte de la administración global. La oficina misma es una unidad de producción cuyas partes componentes son el espacio y los equipos. Las terminales de ordenador, los procesadores de textos, las fotocopiadoras, y otros equipos automatizados no solo ayudan a incrementar la eficiencia y productividad, sino que han contribuido a reforzar el rol de la secretaria, convirtiéndola en la superestrella de la oficina.

Debido a la automatización, se produce la interacción entre las personas y las máquinas. Hoy en día la fotocopiadora se ha transformado en un lugar de reunión tan popular como lo era ayer el anticuado bebedero. El espacio en las oficinas es disputado entre hornos a microondas portátiles y refrigeradores, que aparecen utilizados como bases de escritorios y para llenar espacios, y las fotocopiadoras.

La relación entre los equipos y el usuario hace que muchas secretarias —aun aquellas que no son administradoras de oficina— tengan que tomar parte activa en el planeamiento de la disposición de los elementos dentro de la oficina, y en la elección de los muebles y los equipos. Las secretarias inteligentes se las arreglan para que todo el personal reciba instrucciones apropiadas sobre el funcionamiento de los nuevos equipos. El tiempo dedicado a esto está bien empleado, ya que con un personal bien entrenado, es menos probable que se maltraten los equipos y que se tengan que pagar costos innecesarios de reparación. Ya que es la secretaria la que mejor entiende la operación global de la unidad de producción que constituye la oficina, que conoce mejor los problemas existentes, y que es la que mejor puede discernir las soluciones, también es la más apta para planificar el diseño del espacio correspondiente a la oficina.

Uno de los factores más importantes que deben tomarse en cuenta cuando se planifica dicho espacio, es el coste del alquiler. Debido al precio fenomenal del metro cuadrado de oficina, la eficiente utilización del espacio es una cuestión prioritaria. El costo debe tenerse siempre presente cuando se realizan cambios en la oficina, ya sea que se deban a una mudanza, una importante renovación, o la compra y llegada de nuevos equipos y muebles. Es posible que haya que conectar de nuevo los cables y cambiar de lugar los muebles, para acomodar las redes de ordenadores, para instalar sistemas computarizados de teléfono más nuevos, o para transferir sistemas de archivo manuales a sistemas electrónicos.

¿TIENE SUFICIENTE ESPACIO PARA TRABAJAR?

Antes de renovar la oficina, de mudarse a otro lugar, o de realizar cambios en la automatización, estudie de manera objetiva su disposición actual.

¿Se encuentra usted caminando innecesariamente de un lado a otro de la oficina, moviendo papeles? ¿Usa realmente esa silla, mesa o fichero adicionales? ¿Está colocada la fotocopiadora en un lugar accesible para todos? ¿Está el teléfono al alcance de la persona que tiene la responsabilidad de atenderlo? ¿Se podría, por medio de una mejor disposición de los muebles y las máquinas, facilitar el flujo de trabajo, incrementar la productividad global, y recortar los costos? Si su respuesta a cualquiera de estas preguntas es sí, es probable entonces que la disposición de la oficina pueda y deba ser mejorada.

Existe la opción de contratar los servicios de un arquitecto, pero los honorarios pueden ser sustanciosos. En muchos casos, los vendedores de muebles y equipos le darán consejos sin cobrarle. Sin embargo, si decide supervisar la disposición por su propia cuenta, tenga presentes los siguientes consejos:

- Realice un bosquejo del espacio de la oficina en papel cuadriculado. Dibuje los muebles en escala (los escritorios, los archivos y los equipos) y corte rectángulos a escala para cada pieza. Coloque los rectángulos sobre el papel cuadriculado para mostrar la disposición actual.
- Planifique por anticipado dónde pondrá los cables telefónicos. Es posible que descubra que necesita varias semanas simplemente para trasladar un teléfono de un lado a otro de la oficina. Si se está por instalar un nuevo e importante equipo telefónico, deberá planificar con más anticipación.
- Cuando tenga que cambiar equipos telefónicos de lugar, evite en la mayor medida de lo posible mover innecesariamente a las personas que se encuentran allí.
- La instalación de salidas para los nuevos equipos también requiere que planifique con anticipación. Las compañías locales de utilidades pueden ayudarle a colocar nuevas salidas de manera que asegure la máxima eficiencia. Además, converse con ellos sobre la posibilidad de utilizar estabilizadores para proteger los equipos de las fluctuaciones en la tensión eléctrica.
- La mudanza también le da oportunidad de separar a ciertos compañeros de trabajo que tienden a ser demasiado sociables. Coloque los escritorios de dichos empleados en lados opuestos de la oficina.

Tome en consideración las ideas de todas las personas de la oficina. Pida consejo a su jefe y a otros miembros del equipo, ya que la disposición que tendrá el lugar de trabajo afecta a todos por igual. Una secretaria que conozco, por haber discutido previamente dónde se colocarían los muebles, descubrió que un miembro del equipo tenía claustrofobia cuando trabajaba en una oficina sin ventanas; otro empleado tenía alergia, la cual se agravaba cuando se encontraba cerca de los conductos de la ventilación. Al colocarse el escritorio del primer empleado en una oficina más grande, desde donde podía verse el exterior, permaneció mucho más tiempo sentado. El escritorio de la persona alérgica fue ubicado lejos de las conductos de la ventilación, en una nueva oficina, y el resultado fue que no faltó tanto al trabajo. En ambos casos, el hecho de haber consultado a los demás respecto de cómo organizar la oficina, resultó en un aumento de la productividad.

Si usted le pregunta a cada miembro del equipo cuál es su patrón diario de actividades, levantará la moral del grupo, fomentará la eficiencia, y podrá aprovechar más eficazmente el espacio disponible.

LA ECONOMIA DE LA ERGONOMIA

Teniendo en cuenta el incremento de la cantidad de ordenadores, no cabe duda de que la ergonomía no es simplemente otra palabra más de uso frecuente. De hecho, la ergonomía (diseño o ingeniería tal como se aplican a los equipos, teniendo presente al operador) es todavía más importante en nuestro ambiente de persona/máquina. Casi todos los expertos están de acuerdo en que el diseño del ambiente de trabajo puede tener un profundo efecto sobre la productividad del trabajador.

El hecho de conseguir que los equipos ejecuten exactamente la tarea que les es demandada, no puede hacerse de manera aislada de los demás elementos, tales como el espacio asignado a los equipos, el diseño de los mismos, y el lugar que ocupa dentro del flujo del tráfico ya establecido para el resto del espacio de la oficina. Tome en cuenta estos puntos cuando tenga que planificar una iluminación nueva o más destacada, decidir la ubicación de una fotocopiadora o una impresora, o comprar nuevos muebles o sistemas de archivo.

La iluminación desempeña un rol importante en la fatiga en general, y la fatiga visual que sufren los empleados. Una iluminación pobre afectará sin duda la productividad global, que a su vez afecta la economía de la compañía. Cuando tenga que elegir equipos, busque elementos tales como pantallas para proteger contra el reflejo y pantallas móviles. Cuando mueva los modelos en escala de un lado a otro sobre el papel cuadriculado, tenga en cuenta el brillo y el reflejo en relación con la ubicación del escritorio. También recuerde que los patrones de luz se modifican a medida que avanza el día.

El ruido es un problema existente en todos lados hoy en día, y la típica oficina no es una excepción. Las máquinas de escribir modernas ya no traquetean fuertemente, pero sí lo hacen las impresoras y las fotocopiadoras. El personal de la oficina que tiene que trabajar cerca de algunas de esas fuentes de ruido informa que tiene dificultades para concentrarse, y frecuentes dolores de cabeza. Si debe trasladarse a un lugar más grande, quizá le sea posible colocar dichas máquinas en un cuarto separado. Si tiene muy poco lugar en su actual oficina, existen otras formas de amortiguar considerablemente los ruidos (tabiques divisores, alfombrados).

Recientemente visité una oficina y observé al operador del procesador de textos que, con los brazos ridículamente extendidos, trataba de alcanzar una tecla, y me pareció que estaba haciendo ejercicios de gimnasia jazz. Hoy en día hay disponibles muchos tipos diferentes de muebles para oficinas, y por lo tanto, ninguna secretaria tiene por qué estar incómoda. Un buen sillón para una secretaria debería ser ajustable, tanto su altura como el respaldo. Existen incluso disponibles sillones que ayudan a una correcta postura, e inclusive se venden procesadores ajustables y móviles para personas discapacitadas. Hay escritorios cuya altura y ángulo se pueden ajustar. Los tableros móviles son elementos excelentes, ya que permiten al operador mayor flexibilidad cuando tiene que utilizar una terminal.

La ergonomía es importante para el confort, bienestar y productividad del empleado en la oficina moderna. En cierto sentido, la ergonomía es tan importante para la economía como lo es la eficaz utilización del espacio correspondiente a la oficina.

COLOQUE LAS PANTALLAS DE LOS ORDENADORES BAJO UNA LUZ ADECUADA PARA SU FACIL VISUALIZACION

Se ha prestado mucha atención a los problemas visuales que son producidos por el uso constante de pantallas: dolores de cabeza, visión borrosa y fatiga visual. A continuación, le daremos algunas recomendaciones sobre cómo conviene seleccionar y colocar los procesadores de textos y los monitores en la oficina:

- Compre monitores que puedan inclinarse para eliminar el reflejo.

- Colóquelos, en la medida de lo posible, bajo una luz que no provoque fatiga visual.
- Las ventanas deben estar provistas de cortinas y persianas.
- Elija pintura de acabado mate para las paredes y los equipos de oficina.
- Elija, para el escritorio, una iluminación que no sea más de tres veces más brillante que la iluminación general de la oficina.
- Para facilitar el ajuste ocular, disponga el lugar de trabajo de tal manera que los operadores puedan levantar la vista y mirar hacia el otro lado de la oficina.

SAQUELE EL MAXIMO PROVECHO A SU FOTOCOPIADORA

Aunque puedan existir razones técnicas por las cuales la secretaria no pueda elegir el lugar donde se instalará la fotocopiadora, nadie mejor que ella sabe que la mala utilización de la fotocopiadora puede hacer subir hasta las nubes el gasto de papel, por no mencionar el estrago que causa entre los usuarios encontrarse con el cartel de "no funciona" sobre la máquina. Casi todas las secretarias las protegen contra los usuarios sin experiencia, igual que protegerían otros elementos valiosos dentro del área que ellas manejan.

Comunique estas técnicas de reducción de costos y de ahorro de tiempo a los otros miembros de su equipo, para que la fotocopiadora tenga un mayor rendimiento sin utilizarla abusivamente.

- Antes de comenzar a copiar, controle siempre el número de copias que la máquina va a reproducir. El no hacerlo, es la causa de gran parte del excesivo gasto de papel.

- Aprenda cómo reacciona la fotocopiadora a los originales muy claros, a las hojas con fondos coloreados, etc. En la mayoría de los casos, el vendedor le ofrecerá un curso para aprender a operar la máquina. Con esto se reduce la necesidad de realizar costosos experimentos.
- Cada usuario debe recibir instrucciones sobre la correcta utilización de la máquina. Sobre la pared detrás de la copiadora, fije grandes carteles con las instrucciones básicas. Los usuarios no tienen que consultar los manuales de operación continuamente.
- Controle la provisión de toner, revelador, papel, etc. todas las mañanas para que no existan interrupciones durante el día.
- Equipos sucios significan una fotocopiadora sucia, y más papel desperdiciado. No se olvide de llamar regularmente al service para que la limpie.
- En el caso de algunas fotocopiadoras simples, "airear" el papel e introducirlo con la curva para arriba evita que luego se trabe la máquina. Esta es una vieja técnica utilizada para las primeras máquinas, pero todavía da resultado con las más nuevas.

A medida que utiliza su fotocopiadora, descubrirá trucos para hacer fotocopias más pulcras, para ahorrar papel, y para aumentar la eficiencia. Agregue estos comentarios a su lista:

- Si no desea copiar la parte de abajo del documento, NO DOBLE la hoja. En casi todas las fotocopiadoras, cuando se dobla la hoja, aparece una línea en la copia. En lugar de esto, le conviene cortar la hoja.
- Para tapar un renglón o una parte del original antes de fotocopiarlo, utilice cinta correctora autoadhesiva. No aparecerá ninguna línea marcada en la fotocopia.
- Para sacar muchas fotocopias de un original que solamente ocupa la mitad de una hoja, haga una fotocopia, pegue el texto original en la otra mitad de la hoja, y luego copie los dos en una hoja. Utilice una guillotina para separar las dos mitades.
- Sea creativo con la fotocopiadora. Haga una fotocopia del logotipo o dibujo que complementará la carta; recórtelo y péguelo en el original para sacar muchas fotocopias. Es posible que encuentre justo el boceto que necesita en el programa de gráficos que puede comprarse y utilizarse sin que existan problemas de propiedad intelectual. Ese toque personal hará que su documento sea más atractivo y llamativo. Una imagen a veces vale más que mil palabras.

A pesar de otras maravillas automatizadas, la fotocopiadora no cede terreno como "rey de la corte". Le sacará mucho más provecho si la mantiene trabajando como una parte de su reino corporativo.

EPOCAS DIFERENTES – ARCHIVOS DIFERENTES

¡Quién se atrevió a decir que en la oficina no hay papel! Como si no alcanzara con las fotocopiadoras, los ordenadores y los procesadores de textos hacen posible crear nuevos documentos. ¡Lo que asusta es que alguien tiene que hacer algo con esa montaña de papel, y ese alguien en general es, usted! Es ya de por sí difícil mantener los archivos dentro de un tamaño razonable sin el agregado de catálogos, manuales para el usuario, informes anuales, e impresiones de los ordenadores. Meterlos en la parte de atrás de ese fichero gris no funcionará; ¡ya está lleno! Si consideramos el coste exorbitante del espacio de la oficina, y lo ineficientes que son los ficheros más antiguos, ¿a quién le hace falta un fichero adicional?

En la sociedad de hoy, donde se maneja tanta información, todo el personal de la oficina debe tener y manejar sus propios archivos. La secretaria es la que más agradecerá cualquier sistema que transforme la tarea de archivar en una actividad menos monótona. Yo odiaba esa tarea aburrida y poco estimulante. Hoy en día, con los sistemas de archivo mecanizados, se utilizan medios tales como cintas, diskettes, tarjetas, microfilms y microfichas, que constituyen una manera rápida de archivar la información y de recuperarla cuando es necesario.

Otra ventaja de los nuevos sistemas electrónicos es que representan un modo seguro de archivo y no ocupan lugar.

Sin embargo, los sofisticados sistemas electrónicos de archivo no son la respuesta para todo tipo de oficina. Hay otras maneras más económicas de manejar los archivos tradicionales. En lugar de los tradicionales ficheros, el personal puede optar por un mueble al cual se puede acceder desde varios lados, y puede ser utilizado simultáneamente por varias personas. Las facturas, los remitos de embarque, y otros papeles correspondientes a los clientes activos que se deben poder ubicar rápidamente —y que constituyen, a menudo, la espina dorsal del servicio al cliente— entran en esta categoría.

Mediante los sistemas de archivo codificados con colores, se puede reducir en un 50% con respecto a los sistemas alfabéticos comunes el tiempo necesario para clasificar y encontrar lo que busca. Estos sistemas son económicos y eficientes para sistemas de archivo pequeños, en ampliación o grandes. Se asignan letras y números a los rótulos o lengüetas, y éstos son adheridos a las carpetas en una determinada posición. Estos rótulos o lengüetas, adheridos a las carpetas que están guardadas en cajones o sobre estantes, forman un patrón de colores que nos indica inmediatamente dónde colocar la carpeta. Si algo está mal archivado, se percibe de inmediato.

Carpetas y deslizaderas con lengüetas finales se utilizan para archivar en estantes que no están cerrados, donde las carpetas están colocadas horizontalmente, en filas, y no escondidas en gavetas. Se prefiere este método de archivo en aquellos casos en que se necesita consultar la carpeta en su totalidad, cuando las consultas diarias son menos frecuentes, y si en las mismas se guardan papeles por largos períodos. Las lengüetas finales (o las laterales) se colocan en, o forman parte de, el borde corto de la carpeta o el cuerpo de la guía. De esta manera, los rótulos de las carpetas ubicadas en varios estantes que ocupan distintos niveles son más fáciles de ver. Existe una amplia variedad de lengüetas finales, de distintos tipos, tamaños y posiciones y también de diferentes colores.

Las carpetas que cuelgan de marcos especiales colocados dentro de los cajones, hacen que sea sencilla la búsqueda aun de las carpetas más voluminosas, porque las mismas están montadas sobre sus marcos. El hecho de estar colgadas hace que no se deformen.

Para archivar ítem voluminosos y pesados, existen carpetas tipo caja —aplanadas y reforzadas— que se pueden adaptar a cualquier necesidad. Así puede tener los ítem voluminosos junto con los archivos en uso para consultar con frecuencia.

Una de las reglas de un buen sistema de archivo es la de subdividir secciones colocando, en cada cajón o estante, una cantidad adecuada de rótulos. Dentro de un archivo grande de correspondencia, el primer cajón probablemente contiene carpetas que empiezan con la letra "A", lo que no le hace más fácil buscar algo que comienza con "Am." Sin embargo, si cada tantos centímetros detrás de la "A" se hace una clasificación en secciones, rotulada "Ab," "Ac," etc. hojear se vuelve menos dificultoso. A continuación, veamos algunas guías sobre cómo realizar subdivisiones tomando en cuenta otras secuencias:

- Meses, con subdivisiones por días
- Provincias, con subdivisiones por partidos y/o ciudades más importantes
- Números, con subdivisiones por decimales o calificativos alfabéticos.
- No conviene utilizar menos de 20 guías por gaveta.
- No conviene utilizar más de 10 carpetas de archivo detrás de una guía.

Las impresiones de los ordenadores pueden resultar una carga molesta. A menudo se apilan en el alféizar de las ventanas, o sobre los ficheros y las bibliotecas, o a veces se arrugan y destruyen cuando se intenta meterlas en cajones donde no entran. Los fabricantes de muebles para archivo han inventado varias soluciones. Una de estas es una carpeta colgante tipo "binder" que tiene manijas convenientes y que puede archivarse como cualquier otra carpeta que está en uso. Este tipo de carpeta se maneja como si fuera un portafolios. Existen en el mercado diversos ficheros portátiles que se han diseñado específicamente para manejar las impresiones de los ordenadores con facilidad.

Ya sea que se utilicen ficheros tradicionales o archivos con estantes, en todas las oficinas, cuando se quiere establecer un nuevo método o mejorar el existente, debe tomar en cuenta los siguientes aspectos:

- Deje siempre abierta una posibilidad de desarrollar el sistema de archivo.
- No llene las carpetas demasiado. Conviene hacer limpieza en una carpeta demasiado llena, o abrir una nueva.
- Tenga un programa regular de limpieza de carpetas y busque un lugar donde guardar los archivos inactivos. No hay motivos para abarrotar los archivos activos con materiales que están mejor guardados en los archivos generales de la compañía, accesibles, pero fuera de la vista.
- En casi todos los casos, los archivos deben contener la correspondencia de los últimos seis meses, de consulta diaria. Las carpetas inactivas contienen la correspondencia de seis a ocho meses atrás y se consultan mucho menos frecuentemente.
- No olvide utilizar una señal que indique la ubicación de una carpeta que se ha extraído para su consulta, a fin de encontrar el lugar cuando la guarde; es un detalle poco importante pero que le ayudará a ganar tiempo.

También puede inventar sus propios sistemas de archivo para que esta tarea sea menos monótona. Una época diferente; un archivo diferente.

MICROGRAFO: OTRO COMPAÑERO DE LA SECRETARIA

Una de las innovaciones para almancenar gran cantidad de información valiosa, durante mucho tiempo, que goza de más popularidad, es la micrografía, sin duda un aliado de la secretaria. Mediante esta técnica, se puede archivar información en tamaño reducido en un microfilm. La información archivada en tamaño reducido se denomina microforma. Está disponible en dos tamaños, con la superficie enrollada o plana; las microformas constituyen, quizá, el dispositivo más eficaz para ahorrar espacio.

Los tramos de un solo marco de los microfilms, colocados sobre tarjetas especiales, se denominan tarjetas de abertura. La microficha, una de las microformas más comunes, es una hoja de película donde hay muchas imágenes dispuestas como una grilla, con una reducción igual a 90 veces el tamaño normal.

El archivo de tipo giratorio con soporte es otro sistema básico para almacenar y recuperar de manera manual la información convertida en microfilms. Otros sistemas de micrografía son los microfilms de las impresiones de los ordenadores, y las recuperaciones por medio del ordenador. A medida que la tecnología progresa, la micrografía presenta nuevas características. Estos son algunos de los beneficios que otorga:

- Ahorra lugar
- Se puede recuperar la información rápida y fácilmente
- Brinda mayor seguridad en el sistema de archivo
- Requiere menor duplicación y, por lo tanto, costes más bajos por duplicación

Antes de instalar un sistema de micrografía, debe tomar en cuenta el gran coste inicial. Segundo, recuerde que el índice del archivo debe estar realizado por una persona muy competente, de manera uniforme, para que la información sea fácil de recuperar.

Cualquiera sea el método de archivo utilizado en su oficina, cuanto más computadorizado esté, más conveniente será para la secretaria. Con el advenimiento de tecnología para rastrear imágenes, reticulado de áreas locales, y mejores técnicas de codificación de films, el manejo del archivo "ya no es más lo que era".

PUEDE ENCONTRAR UNA MANERA MAS FACIL DE TRASLADAR LA OFICINA A OTRO LUGAR

Cualquiera sea la razón para trasladar la oficina —mudanza a un nuevo edificio, la promoción del jefe, o el hecho no tan raro de un ascenso de la secretaria— la secretaria responsable puede lograr que todo esto se desarrolle con facilidad. Vea estas sugerencias:

- Estudie cuidadosamente la cantidad de metros cuadrados, y dónde colocará los muebles y los equipos. Compare este nuevo espacio con el tamaño y la forma del actual, y recomiende de que manera se pueden mejorar y reemplazar los muebles y los equipos.
- Este es un momento excelente para hacer una limpieza de los archivos y estudiar la posibilidad de modernizar el sistema con archivos en estantes laterales, microfichas o un sistema electrónico. Tal como lo mencioné anteriormente, tome en cuenta el coste por

metro cuadrado del espacio de oficina; un metro que se ahorra es un metro que se gana.

- Tómese tiempo para hacer otra copia de su archivo giratorio. Igual que la mayor parte de las secretarias, es probable que tenga una caja de archivo de 9cm x 15cm o uno giratorio donde tiene listas de nombres, direcciones, y números telefónicos de personas con las que trata su jefe, además de otros datos importantes. Antes de mudarse, actualice y haga una copia extra de esta información.

- Si en la mudanza se incluyen las carpetas de archivo, siga el mismo procedimiento utilizado para transformar las carpetas activas en inactivas.

  (a) Junte y rotule cajas para mudanzas, que le será posible solicitar a su proveedor de materiales de oficina.

  (b) Prepare una lista de clientes para los que necesita nuevas carpetas.

  (c) Tipee y rotule las nuevas carpetas.

  (d) Deshágase de carpetas previamente transferidas que ya no son necesarias. Asegúrese de obtener UNA AUTORIZACION ESCRITA para deshacerse de esas carpetas.

- Haga un pedido de librería antes de mudarse. Asegúrese de hacer los pedidos de materiales especiales con suficiente anticipación.

- Anuncie su nueva dirección a las personas con las que tiene contactos: le tomará mucho tiempo si lo organiza adecuadamente.

  (a) Recuerde a su jefe que comunique la nueva dirección a la compañía de seguros de la empresa, antes de la fecha de la mudanza.

  (b) Avise a la oficina de correos.

  (c) Tenga tarjetas impresas avisando del cambio de dirección y la fecha en que se efectivizará, tal como puede verse en el ejemplo siguiente:

A partir de _____

LA CORPORACION XYZ
CALLE TAL 1234
CUALQUIER CIUDAD

se mudará a su nueva dirección

CALLE CUAL 5678
LA MISMA CIUDAD

  (d) Notifique también a las empresas locales, a la Cámara de Comercio, y otras asociaciones cívicas y profesionales a las que pertenecen su jefe o su compañía.

  (e) Notifique a las compañías que emiten las tarjetas de crédito que usan en su compañía.

  (f) Revise la lista de clubes de los cuales es socio su jefe, y las publicaciones a las cuales está suscripto. Si debe anular alguna, escriba la carta de notificación. Envíe al resto la comunicación del cambio de dirección.

- Si se va a mudar a un espacio más grande, como ocurre generalmente, es el momento justo para solicitar algunas modificaciones especiales, tales como disponer de un pequeño cuarto para poner la cafetera y el refrigerador, o quizá una mesa para los que se quedan a comer en la oficina. No solamente se mejora así el ambiente de la oficina, manteniendo la comida fuera de la vista, sino que puede ayudar a eliminar el "grupo que va a almorzar y vuelve con algunas copas de más".

Finalmente, MANTENGA LA CALMA SECRETARIAL. Usted es la persona que puede lograr que todo se desarrolle fácilmente.

4 LA OFICINA COMO UNA COMUNIDAD

Una comunidad es como un navío; todos deben estar preparados para asumir el mando.

Henrick Ibsen

EL SUPER SUPERVISOR

Las secretarias se encuentran en primera fila en cuanto al funcionamiento global de la oficina como una comunidad, así como también como una unidad productiva, y esto incluye observar las actitudes, las acciones, y las relaciones entre todos los miembros del equipo. Si se puede denominar a las secretarias "supervisoras", casi todas se encuentran en una posición que les permite convertirse en SUPER supervisoras.

El buen liderazgo se basa en la habilidad de conseguir que las personas nos quieran seguir voluntariamente. Depende de los seguidores. Si el personal de la oficina no quiere ir detrás de usted, esto significa que no es un buen líder. Los consejos siguientes le ayudarán a asumir una firme posición de liderazgo:

- "Trate de tener siempre una actitud agradable y una personalidad alegre. Esto se contagia a las demás personas, y es más probable que le ayuden cuando necesite información, servicios, etc." Este excelente consejo es de Patricia A. McCarthy, una de mis ex alumnas y hoy jefa de entrenamiento para el gobierno. Por ejemplo, sea especialmente amable con los técnicos del service (ofrézcales una taza de café mientras reparan la fotocopiadora). La próxima vez que necesite una reparación, le brindarán una atención prioritaria.

- Atraiga en lugar de empujar: recibirá una mejor respuesta.

- Evite amenazar aguijonear, regañar y acicatear. En cambio, muestre a los empleados cómo pueden ser más productivos. La demostración es el mejor ejemplo.

- No tenga miedo de alabar a los empleados por trabajos bien hechos. Esto les estimulará.

- Diga a los empleados que son una parte importante del equipo y que el trabajo que realizan es valioso para el funcionamiento de toda la organización. Esto se refiere también a los que trabajan part-time y a los temporarios.

- Si un trabajador no se está desempeñando bien, no se muestre molesta muy pronto. Intente averiguar por qué.

- Sepa dirigir con firmeza, y otros le seguirán el ejemplo; después de todo, usted se ha convertido en una super-

visora porque tiene capacidad de liderazgo.

DECISIONES,
DECISIONES, DECISIONES

Las secretarias ejecutivas y las asistentes
administrativas deben tomar a diario todo
tipo de decisiones. Veamos a continuación
cinco pasos lógicos para la toma de decisiones que le pueden resultar de utilidad:

(a) Defina el problema;
(b) Analice el problema;
(c) Desarrolle soluciones posibles para el
problema;
(d) Elija la mejor solución;
(e) Tome la decisión y póngala en práctica.

Para definir el problema con exactitud, debe pensar con claridad y rigor. Cir-
cunscriba la situación hasta que el problema esté delimitado.

Trate de percibir el problema con claridad, juntando toda la información que
esté directamente relacionada con el
mismo. Ignore los hechos que no son fundamentales y que pueden inducirla a
tomar una decisión errónea.

Para casi todos los problemas, existen
varias soluciones posibles. A veces la decisión más razonable es no efectuar ninguna
acción o, por lo menos, ninguna acción inmediata.

Al elegir la mejor solución, debe sope-
sar con cuidado qué gana y qué pierde;
tome en cuenta también el tiempo que in-
sumirá la acción propuesta.

Una secretaria, que cumplía la función de jefa de la oficina, se preocupaba
por la correcta distribución de la carga de
trabajo. Parecía que algunos empleados
trabajaban siempre a conciencia y dedica-
dos a terminar lo que se les había asignado, mientras que otros, que trabajaban de
manera más pausada, parecían nunca
poder terminar sus tareas, pero encontra-
ban tiempo suficiente para socializar. Los
que se desempeñaban con eficiencia eran,
desde ya, los que eran llamados por los directivos para ocuparse de tareas de mayor
responsabilidad. Los "sociables" lograban
evitar que les asignaran tareas más exigentes.

El problema en esta oficina estaba claramente definido, y el directivo dejó la solución del mismo en manos de la jefa de la
oficina. Cuando estaba buscando dicha solución, pensó en las siguientes alternativas:

• Echar a los "holgazanes", aunque
fuera problemático seleccionar y entrenar a los reemplazantes.
• Reunir a todo el personal, explicarles
que la carga de trabajo no estaba equi-
tativamente distribuida, y rogar a los
responsables del problema que inten-
tasen mejorar. (Esto puede, o no, mejorar una situación existente, pero por
lo menos se habla del conflicto, aunque puede crear resentimiento entre
los miembros del equipo.)
• Definir nuevamente las descripciones
de tareas y las cargas de trabajo para
todo el personal de la oficina.

La jefa de la oficina eligió la última
opción, aunque esto significaba que iba a
tener que dedicar tiempo y esfuerzo extras
al tema. Para esto, le dio a cada empleado
un nuevo título, descripción de tareas y
nuevas responsabilidades. Todo esto se in-
corporó en un manual de procedimientos
y se le dio una copia a cada empleado.

Los resultados fueron favorables, porque los miembros del equipo se sentían halagados al tener un título, y por saber exactamente qué se esperaba de cada uno. El problema fue definido, analizado y se adoptó una solución que luego se puso en práctica. De acuerdo con la opinión de esta secretaria/jefa de oficina, funcionó. Por sobre todas las cosas, recuerde que los pasos precedentes no sirven a menos que la lleven a ELEGIR UNA ACCION CONCRETA.

¿SE PUEDE ADAPTAR USTED AL TIEMPO FLEXIBLE, AL HECHO DE COMPARTIR EL TRABAJO, O A LA TELECONMUTACION?

Otra decisión que posiblemente habremos de tomar en un futuro cercano, es la de compartir el trabajo o dividir los días de trabajo. Se está acercando rápidamente el momento en que muchos puedan tener la opción de trabajar de acuerdo con un horario flexible, compartiendo el trabajo con otra persona, o trabajando en su casa, por medio de la teleconmutación. Muchas secretarias ya están participando en este tipo de programas.

Los médicos y los abogados que comparten oficinas con otros profesionales hace ya mucho tiempo que comparten el trabajo o tienen horarios flexibles.

Para muchas secretarias, esta programación flexible o alternativa de los horarios es la más conveniente debido a sus obligaciones personales y familiares. Los horarios flexibles han aparecido bajo diferentes formas. El plan que más comúnmente se utiliza es aquel en el que se varían los horarios de llegada y salida, como por ejemplo comenzar una jornada de

ocho horas a las 6.30 y terminar a las 15, o quizás no llegar hasta las 11 y quedarse hasta las 19. Otra forma popular de horario flexible, es trabajar cuatro días por semana. Algunos empleadores también han ofrecido un horario de medio día, o un programa de trabajar una semana sí y otra no, e incluso la alternativa de tomarse vacaciones en etapas.

A medida que los equipos de telecomunicaciones se vuelven más sofisticados, menos costosos y más accesibles, trabajar con un ordenador en su domicilio, que esté conectado con el ordenador de la oficina es otra alternativa posible a la de trabajar en una oficina. Veamos con objetividad cuáles son las ventajas y las desventajas de compartir las tareas, y de la teleconmutación:

VENTAJAS DE COMPARTIR LAS TAREAS

• Dos o más cabezas son mejor que una. Además, si comete un error, la responsabilidad no recae solamente sobre usted.
• Tiene más tiempo para descansar y hacer algunas de las cosas que le gustan, sin dejar de cobrar el sueldo.
• Se sentirá menos presionado.
• Si está enfermo, su colega experimentado puede sustituirlo para que el trabajo no se acumule. Tanto ambos, como la compañía, se beneficiarán.
• La productividad se incrementa.
• La calidad del trabajo mejora si ambos mantienen el entusiasmo y se sienten orgullosos del trabajo que realizan.
• La productividad es mayor cuando las personas tienen tiempo de ocuparse de los problemas personales que surgen cada tanto. Pueden sentirse

tranquilos al saber que otro empleado eficiente y responsable se está ocupando del trabajo.

Si se planifica adecuadamente, se puede eliminar un resultado de ese tipo.

DESVENTAJAS
DE COMPARTIR LAS TAREAS

- Como en cualquier sociedad, debe compartir los elogios y los aumentos con su socio.
- Es posible que tenga que compartir los costos de los beneficios adicionales, tales como el seguro, la obra social, y la jubilación.
- El hecho de tener que compartir puede reducir el incentivo que tiene para rendir al máximo.
- Es posible que la calidad del trabajo no sea tan buena si a los dos socios no les entusiasma el trabajo ni se sienten orgullosos de lo que hacen.
- Si su socio no tiene una buena actitud hacia el trabajo, esto puede constituir una amenaza.
- Muchas personas no están preparadas mentalmente para compartir la carga de trabajo en un 50%; esto puede causar problemas y un descenso en el ritmo del trabajo.
- Puede ser que tenga que compartir con alguien con quien no congenia.
- Es necesario coordinar las tareas, como por ejemplo mantener un registro o llamar por teléfono cuando es el turno de la otra persona. Esto puede ser molesto.
- Con frecuencia los que comparten un trabajo son los primeros en ser desvinculados cuando se produce una reducción de personal.
- Debido a que usted no es un empleado full-time tradicional, es posible que pierda la oportunidad de avanzar en su carrera o de recibir un ascenso.

VENTAJAS DE LA
TELECONMUTACION

- Usted tiene la flexibilidad y la libertad de utilizar su tiempo como más le conviene.
- Muchos empleados, que tienen una capacitación y una formación adecuadas, y no pueden trabajar en una oficina, pueden hacerlo en sus casas.
- En muchos casos, usted ahorra dinero, tiempo, energía y estrés por no tener que viajar a su trabajo todos los días.
- Al tener menor cantidad de empleados en las oficinas, los directivos pueden gastar menos en alquiler, utilidades, y otros gastos generales.

DESVENTAJAS
DE LA TELECONMUTACION

- Es posible que en su domicilio la administración del tiempo sea peor que en la oficina.
- Los teleconmutadores deben ser muy disciplinados y fijarse sus plazos y métodos de trabajo.
- Los trabajos para los que se requiere estar sentado muchas horas frente a un ordenador pueden causar estrés físico.
- Encontrarse fuera de la actividad general de la oficina puede causar un sentimiento de inseguridad.
- Debido a que los que trabajan en sus casas tienen fechas de terminación a largo plazo, las cargas de trabajo tienden a ser mayores.

Secretarias: si en su oficina surge la posibilidad de optar por horarios flexibles, por compartir tareas, o trabajar en su casa por teleconmutación, tendrán que decidirse. Deben pensarlo muy bien antes de optar por alguna de estas alternativas.

LA ETICA EN LA OFICINA: ¿CUAL ES SU IMPORTANCIA?

¿Es importante el aspecto ético en la oficina? Si los jefes y las secretarias hicieran una lista de las características de personalidad más buscadas cuando se seleccionan los empleados, probablemente encabezarían dicha lista la honestidad y la integridad.

Según la definición que figura en el Diccionario de la Real Academia Española, en la ética intervienen "lo moral y las obligaciones del hombre". Sin duda, la honestidad debe estar incluida dentro de las obligaciones. Por ejemplo, la sustracción de información proveniente de los ordenadores es un problema nacional en las oficinas actuales. El robo de "tiempo" es también una clase de robo que muchas veces no es tomada en cuenta. El robo de tiempo puede ser tan ofensivo desde el punto de vista de la ética como desde el punto de vista productivo. Holgazanear (especialmente cuando el jefe no está), llegar siempre tarde o marcharse siempre temprano del trabajo, utilizar el tiempo de la compañía para asuntos personales, y tomar licencias por enfermedad que no están justificadas, son otras formas de estafar a la compañía. Desafortunadamente, muchos empleados no consideran que esto sea una estafa, del mismo modo que si se llevaran a sus casas un diskette virgen o utilizaran el franqueo de la oficina para mandar sus propias cartas. ¿Acaso no es lo mismo hurtar el tiempo de la compañía, que robar pequeñas cantidades de dinero?

Cuando un empleado acepta ciertas políticas ocupando un puesto, el fracaso en seguir dichas políticas demuestra falta de integridad, una característica habitual en las oficinas de hoy. La ausencia de interés, compromiso y lealtad causa a menudo no solo el fracaso de un determinado proyecto sino de la carrera de un individuo. El hecho de poseer esas cualidades es lo que convierte a las secretarias en personas tan valiosas para el equipo.

Si un empleado no es un ser íntegro, por más aptitudes e inteligencia que posea, esto no compensará su falta de ética. Cuando se trata de la ética en la oficina, aquélla nunca está de más.

RESGUARDAR LA INFORMACION CONFIDENCIAL

Forma parte de la tarea de la secretaria la necesidad de mantener la información confidencial alejada de la vista, el oído y las manos de los extraños. Muy pocas veces se les avisa a las secretarias sobre el tipo de curiosidad que pueden encontrar en la comunidad formada por el personal de la oficina. Conozco algunas secretarias que son tan eficientes para ocultar los secretos de la compañía, que parece que se están entrenando para formar parte de la CIA. A fin de que aprenda a guardar la información confidencial, analice los siguientes consejos:

- No deje papeles confidenciales sobre su escritorio aunque estén adentro de una carpeta o boca abajo. Guárdelos en un cajón o en su portafolios lejos de las personas demasiado curiosas.
- Siempre tenga una carpeta a mano cuando está trabajando con documentación importante. Si alguien entra en

su oficina, introduzca discretamente el papel dentro de la carpeta.

- Guarde con mucho cuidado la información que está en su máquina de escribir o en la pantalla de su ordenador. Nunca salga de su oficina sin sacar la hoja de la máquina de escribir o limpiar la pantalla temporalmente. Además, no vacile en ocultar la información que hay en su máquina o pantalla cuando alguien intenta leer por sobre su hombro. Si alguien ha de sentirse molesto, es preferible que sea el husmeador y no usted.

- Manténgase alerta respecto de los peligros derivados del uso de papel carbón (papel carbónico, cintas impresoras de máquinas de escribir y de ordenadores y tiras de carbónico). Destruya todos los carbones o cintas ya que cualquier persona que esté decidida a averiguar información de la compañía, puede hurtar la información confidencial.

- Antes de marcharse de la oficina para ir a almorzar o para ir a su casa, coloque los papeles confidenciales en un cajón bajo llave. Un escritorio y un archivo cerrados con llave son el mejor disuasivo para miradas inquisitivas.

- Baje el tono de la voz cuando esté hablando de temas confidenciales. Recuerde, las voces se escuchan, inclusive detrás de puertas cerradas. Si alguien entra en un momento inoportuno, interrumpa la conversación o póngale fin lo más rápidamente posible.

- Si un compañero de trabajo le pregunta a boca de jarro sobre un asunto confidencial, mírelo como si se sintiera desconcertada por la pregunta. Luego dígale a la persona "Realmente, no sé decirle".

- Haga como si estuviera ocupada. Si alguien insiste en pedirle información que no puede revelar, dígale que está demasiado ocupada para poder hablar.

- Resista la necesidad de apaciguar a alguien contándole "solamente pequeños detalles". Este "pequeño detalle" puede ser toda la información que esa persona necesita para armar el rompecabezas o divulgar rumores.

- Resista. No se acobarde; diga con severidad: "No puedo hablar de eso". Mejor aún, diga: "Si realmente le interesa saber, pregúntele a mi jefe".

LA SECRETARIA PUEDE AYUDAR A GUARDAR LOS SECRETOS DEL ORDENADOR

Con el advenimiento de los ordenadores, los empleados tienen más posibilidades que antes de averiguar información secreta archivada en la compañía. La seguridad de la información era mayor antes, cuando estaba guardada en la mente de la secretaria, que en la actualidad, al estar guardada en una única y diminuta tira de silicio. Los delitos en la oficina —robo, sabotaje, soborno, extorsión y fraude— son facilitados por la presencia del ordenador. En algunos casos, existen redes subterráneas que pasan información a otros sectores de la compañía o a la competencia. El fraude, como por ejemplo esconder información de la compañía, almacenada en un pequeño diskette, en un portafolios, bolso, o bolsillo del abrigo está aumentando enormemente. Hasta la fecha, no hay mucha protección contra este tipo de robo.

En muchos casos, los directivos se encuentran a merced de los empleados, o de expertos que no pertenecen a la compañía, que se encargan de revisar e instalar ordenadores en las oficinas. Hay, sin embargo, medidas que las secretarias pueden tomar para ayudar a desbaratar este tipo de acciones.

- Busque la colaboración de todo el personal para establecer prácticas éticas con respecto a la información confidencial, y converse sobre la falta de integridad de aquellos que no se atienen a estas políticas.
- Identifique todos los diskettes, poniéndoles un título, una etiqueta, un código etc. Nunca permita que un diskette virgen esté dando vueltas por la oficina.
- Controle cuidadosamente la cantidad de diskettes que se compran y el lugar donde los guarda. Si al terminar las jornadas revisa los diskettes, perderá un poco de su tiempo pero podrá controlar si le han sustraído o roto alguno. Los diskettes que están clasificados con colores son también más fáciles de controlar.
- Guarde todos los diskettes en un lugar seguro, bajo llave. Muchos proveedores de artículos de oficina tienen envases para diskettes de distintos tamaños y con candado. También considere la posibilidad de guardarlos en algún lugar a prueba de fuego. Así estarán más seguros y a salvo de desastres peores que el robo.
- Establezca un procedimiento para deshacerse de aquéllos. No eche los diskettes defectuosos directamente en el cesto de papeles. Se sorprendería bastante de lo que una persona entendida puede hacer para recuperar información que usted consideraba borrada para siempre en un diskette dañado.
- Vigile todos los discos con datos que

se encuentran en su territorio. Si tiene un buen sistema para guardar la información contenida en los mismos, podrá eliminar la tentación que algunos sienten por manipular indebidamente una parte o la totalidad de los mismos.

EL DESCANSO PARA TOMAR CAFE. MATERIA DE REFLEXION

¿Hay momentos en que siente que, en lugar de trabajar en una oficina, está siempre sirviendo café? Una de las quejas más frecuentes de jefes y secretarias se refiere al tiempo que se pierde debido a las pausas para tomar café, a tener que salir a comer cuando las reuniones se extienden más allá del horario del almuerzo, y a tener que planificar y organizar los eventos sociales de la compañía. Por supuesto, estas actividades forman parte de las relaciones interpersonales, tan importantes para la vida en la oficina, pero deben estar bien organizadas para evitar que la productividad decaiga.

La pausa para tomar café no solamente existe sino que se ha transformado en un pasatiempo internacional. También se han cometido abusos, hasta el punto de que, durante dichas pausas, no se atienden los teléfonos, o se permite que personas sin experiencia los contesten, con la consiguiente molestia para los que están llamando. Las impresoras se quedan sin cinta cuando no se ha terminado de preparar un envío por correo, y quedan detenidas durante la pausa para tomar café. Cartas importantes quedan sin despachar. No solo la "pausa para tomar café" se está convirtiendo en una plaga, sino que a medida que aparecen en las oficinas cada vez más los hornos de microondas y los refrigeradores, el problema se multiplica y cada vez se pierde más tiempo de trabajo.

Como si la pausa para tomar café fuera poco, piense en el tiempo que se pierde en ir y volver del restaurante luego de discutir durante más de media hora quién quería patatas fritas y quién no. Tenga lástima de la pobre secretaria, que tiene manchas de café en su blusa de seda por tener que traer vasitos demasiado llenos, o el secretario, que tiene que limpiar todo después de levantada la reunión.

Sinceramente, deberá ponerse firme con respecto a estas reuniones sociales dentro de la oficina. Reconozca que no se pueden evitar y que deben estar organizadas de la misma forma que otros procedimientos, o harán estragos con la productividad. Aunque puede ser que al principio hiera los sentimientos de algunas personas (inclusive de su jefe), el personal necesita saber que usted maneja una oficina y no un restaurante; que recibe un sueldo de secretaria y no propinas; y que realmente le conviene también a su jefe que la oficina sea manejada como un negocio en vez de una reunión social que dura ocho horas.

A todos nos iría mejor (y probablemente adelgazaríamos) si dejáramos el café, el té y las galletitas para DESPUES de las cinco de la tarde.

CUANDO EL SINDROME DEL FIN DE AÑO ATACA A LOS OFICINISTAS

El período de fin de año durante el cual generalmente los directivos piden a las secretarias que organicen un evento social para la oficina, puede ser muy divertido o un gran dolor de cabeza, que le impide encargarse de las tareas que no puede dejar de realizar.

Si se encuentra en esta situación difí-cil, consiga que el jefe y los demás miembros del equipo le expliquen exactamente qué tipo de acontecimiento deberá organizar. Puede ser que se trate de un evento muy simple, realizado al salir de la oficina, y que solo dura una o dos horas, o puede ser una fiesta más elaborada lejos de la oficina. Cualquiera sea el estilo elegido, ORGANICESE. Luego, OBTENGA AYUDA DE LOS DEMAS. De esta manera, será un esfuerzo de todo el equipo, y no estará tan expuesta a que la critiquen más adelante. Si es la primera vez que tiene que planificar un evento social para su comunidad, tome en cuenta las pautas siguientes:

- Piense qué clase de evento deberá elegir: una fiesta después del trabajo, un banquete, un baile, etc.
- Establezca la hora y el lugar.
- Si es un evento más formal, con mayor cantidad de personas, puede ser que decida contratar un proveedor de banquetes. De este modo ahorrará tiempo y no necesitará preocuparse por los preparativos, pero será costoso.
- Estudie el presupuesto. ¿Estará a cargo de la empresa, o deberá pagar el personal?
- Cuando haya tomado estas decisiones, DELEGUE todo lo que pueda.
- Si decide realizar una celebración sencilla, en la oficina, piense si le conviene que cada miembro del equipo contribuya con comida u otros elementos, o junte una cantidad equivalente de dinero de todos y envíe una comisión a comprar lo que haga falta para la fiesta.
- Usted solamente debe coordinar. Deje que la comisión se encargue del resto.
- Cuando llegue el momento de la fies-

ta, no permita que se transforme en una sesión de quejas, ya que esto puede, más adelante, herir los sentimientos y molestar a los demás.

- Aunque todos estén animados durante la sesión de gala, usted deberá encontrarse con sus compañeros al día siguiente, por lo que es conveniente que tenga cuidado con lo que dice o hace.

Haga planes meticulosamente, y la fiesta será un éxito rotundo. Acepte amablemente los elogios y los agradecimientos que recibe, y luego sea la primera en sugerir que el año que viene, otra persona se ocupe de organizar la fiesta.

¿SE HACEN COLECTAS DEMASIADO A MENUDO?

Una vez que se ha organizado la fiesta de fin de año, surge el problema siguiente: "¿se hacen colectas demasiado a menudo?". ¿Le hará un regalo al jefe o a los demás? Si fuera así, ¿en qué consistirán y cuánto se gastará? Estas son preguntas que se plantean a fin de año y también en otras épocas del año. Hay algunas respuestas sencillas para estas preguntas.

Deberá considerar que es posible que algunos empleados no deseen participar.

No se debe presionar a los empleados nuevos o part-time a que contribuyan.

Si en su oficina no existe ninguna política estándar sobre regalos, ahora es un buen momento para formar una comisión que establezca las pautas que pueden incluirse en el manual de procedimientos. Estas pautas pueden incluir juntar (periódicamente) una cantidad especificada de cada empleado o establecer un fondo para regalos. Podría decidir destinar una cantidad para determinados regalos: casamientos, nacimientos, jubilaciones, bar mitzvah, o un regalo para el jefe. Avanzando un poco más, se puede elegir un regalo estándar, tal como un álbum para bebés para los nacimientos, para cada categoría de regalo. De esta manera, se pueden comprar varios regalos al mismo tiempo y guardarlos hasta que llegue el momento adecuado.

Otro consejo es hacer circular un sobre con una nota adjunta, donde se explica la finalidad de la contribución y "se solicitan donativos" (sin fijar una suma determinada). Los empleados pueden decidir si van a contribuir o no. Los donativos (o la falta de los mismos) permanecerá anónima.

Si no le conviene participar en las colectas, no vacile en contestar: "No, muchas gracias; no puedo contribuir en esta oportunidad". No es necesario que dé más explicaciones, y nadie debería sentirse molesto por un "No" dicho con amabilidad.

5 LA OFICINA COMO UNIDAD DE PRODUCCION

Lo grandioso de un trabajo es estar en la cima, no tratando de alcanzarla.

Dorothy Thompson

PRODUCTIVIDAD... UNA PALABRA MUY USADA QUE VA A DURAR

La productividad es un tema clave para las oficinas, en el comercio, la industria y el gobierno. En Occidente, desde el año 1960, mientras los gastos en la oficina han seguido un curso espiral, la productividad ha permanecido baja; derecho, la productividad en las oficinas sólo ha aumentado un 4 por ciento en las últimas dos décadas. La inquietud sobre este tema surge no solamente debido al desafío formidable que plantea Japón, sino por la falta de compromiso, conocimiento y máximo rendimiento por parte de los empleados en todos los niveles. La PRODUCTIVIDAD puede ser una palabra muy trillada, pero a medida que la tecnología desempeña un rol más importante en la oficina moderna, el personal de soporte debe asumir mayores responsabilidades y debe incrementar su eficiencia. Las secretarias capaces, sin considerar si las tareas que deben cumplir son administrativas, relacionadas con la correspondencia u otras, necesitan fijarse prioridades, tomar decisiones, adaptarse rápidamente a nuevas tecnologías y establecer un alto nivel de compromiso, a la vez que realizan las diversas tareas que hacen que la oficina produzca.

LOS MANUALES DE PROCEDIMIENTOS AYUDAN A AHORRAR TIEMPO Y A INCREMENTAR LA PRODUCCION

Un manual de procedimientos, o sea una guía de varios pasos donde se explica cómo hacerlo, constituye una fuente de información para contestar las preguntas de los empleados, apreciada especialmente por los que son nuevos en la compañía. Aunque posiblemente la compañía tenga un manual de procedimientos general, cada departamento debería diseñar uno propio que se adapte a sus necesidades especiales.

En las oficinas de hoy se utilizan muchos tipos de manuales. Los manuales para el usuario que acompañan los equipos recientemente adquiridos son invalorables. Deben guardarse siempre cerca del equipo correspondiente. Una de las mayores ventajas de los manuales para el usuario y los manuales de procedimientos es que se los puede llevar a su casa para estudiarlos. Asegúrese de devolverlos si no son sus propios ejemplares.

Un manual de procedimientos eficaz debe ser de fácil consulta. Las explicaciones demasiado extensas y complicadas

47

implican demasiado tiempo de lectura y a menudo son difíciles de comprender. Si se encuentra recopilando un manual de procedimientos para su oficina, examine los ítem siguientes para ver si le conviene incluirlos:

PROCEDIMIENTOS PARA MANEJAR LA OFICINA COMO SI FUERA UNA COMUNIDAD

- Teléfono: cómo conseguir, recibir, seleccionar y transferir llamadas, cómo hacer llamadas de larga distancia, llamadas en conferencia y cómo transmitir mensajes.
- Correo: de entrada y de salida; servicios postales utilizados (es decir, permisos, franqueo, tarifas por volumen, telegramas, telex/TWX, facsímil/ FAX).
- Reuniones: organización, orden del día, seguimiento.
- Preparativos para viajes: itinerarios, transportes, hoteles.
- Operación de los equipos de oficina tales como la fotocopiadora, equipos de grabación, calculadoras y otros originadores de documentos (facsímil, ordenador y ordenador/impresora).
- Planificación y organización de programas de trabajo.
- Supervisión y evaluación de compañeros de trabajo.
- Procedimientos para quejas.
- Procedimientos/informes de seguimiento.
- Método para registrar y medir el trabajo.

PROCEDIMIENTOS PARA COMUNICAR

- Los formatos de todos los documentos administrativos.
- Ejemplos de los diferentes tipos de documentos estándar en uso, tales como cartas, memos, formularios.
- Símbolos/técnicas utilizados para corregir pruebas.
- Métodos para codificar y registrar documentos.
- Uso de etiquetas que indican a quiénes debe distribuirse la correspondencia.

Además de los procedimientos específicos, se puede agregar al manual una sección adicional que incluye el organigrama de la compañía, las políticas de la compañía, los beneficios para empleados, y cualquier información adicional que sea pertinente a las necesidades de la empresa.

LLEVAR UN REGISTRO DE TAREAS AYUDA A AUMENTAR LA PRODUCTIVIDAD

Además de la preparación y actualización apropiadas de los manuales de procedimientos, muchas compañías llevan un registro bastante exacto del trabajo producido por los empleados. Este es a menudo supervisado por la secretaria y puede ser de gran utilidad para medir la productividad de un centro de procesamiento de textos. Un registro de las tareas realizadas también puede ser utilizado para evaluar la tasa de producción de cada empleado, para desarrollar y actualizar los estándares de desempeño, para determinar cuándo se requieren empleados y equipos adicionales, y para establecer un sistema de reembolsos, en caso de que la compañía le tenga que cobrar a varios departamentos, en base al tiempo o a las unidades requeridas para realizar una tarea.

La mayoría de los sistemas de registro

incluyen casi todos los elementos que enumeramos a continuación:

- Disco, casete u otros medios que se usan en la oficina, marcados con un número de identificación.
- Fecha y hora en que el trabajo es recibido; fecha y hora en que es cumplimentado.
- Fecha en que el trabajo debería estar terminado, prioridades y/o anotaciones especiales.
- Proveniencia de un documento (persona y/o departamento).
- Tipo de documento: informe, formulario legal, acuerdo, carta, memo, diagrama, gráfico, etc.
- Número de requisición.
- Extensión del documento terminado: número de líneas, páginas o unidades.
- Nombre o iniciales de la secretaria que maneja el trabajo.
- Otros elementos aplicables a cada oficina.

EL ROL DE LA SECRETARIA EN LA ORGANIZACION DE REUNIONES Y LA PARTICIPACION EN LAS MISMAS

Para llevar adelante sus negocios, muchas compañías habitualmente realizan reuniones, conferencias y grandes convenciones fuera de la ciudad. Puede ser que el presidente o director le pida a la secretaria que colabore en la planificación de los aspectos de rutina, y para levantar actas o tomar notas menos formales de las sesiones. Para que una reunión se realice en un ambiente positivo y tenga éxito, la persona a cargo de la planificación, puesta en práctica y seguimiento debe ser eficiente: a menudo

todos estos pasos son de la competencia de la secretaria.

TIPOS DE REUNIONES

Para manejar mejor las distintas responsabilidades, la secretaria debería saber exactamente qué tipo de reunión se está por realizar. Las reuniones generalmente se organizan de acuerdo con la finalidad y al número de asistentes.

- Conferencia de trabajo: para planificar, juntar información y solucionar problemas organizacionales y de programación. Estos son habitualmente grupos pequeños, con una interacción cara a cara y mucha participación individual.
- Fuerza operante: un grupo grande o pequeño de personas que tiene la misión de cumplir con una tarea específica.
- Seminario: generalmente una discusión con un líder específico que brinda información especializada a todo el grupo.
- Taller: para adquirir más conocimientos, aptitudes o discernimiento. A menudo es dirigido por un experto.
- Clínica: para entrenar a los empleados en un tema específico. Generalmente el mismo personal de la organización brinda la mayor parte del entrenamiento. Es posible que también se llame a expertos externos.
- Reunión general: incluye a todo el grupo antes de dividirlo en grupos más pequeños. Cualquiera de los anteriormente mencionados pueden incluirse en una reunión general.
- Reunión de trabajo: varios grupos formados a partir de todos los miembros que trabajan sobre problemas específicos. En general, se requiere que los

grupos eleven un informe en la reunión general.

- Convenciones: reuniones a gran escala generalmente celebradas en grandes ciudades, en hoteles o centros para convenciones adaptados a ese tipo de grupos. Durante la convención se pueden programar reuniones de cualquiera de los tipos arriba mencionados.
- Teleconferencia: el tipo de reunión más innovadora que se asemeja a las conferencias cara a cara pero que es transmitida por satélite. Los participantes pueden verse mutuamente sobre una pantalla de televisión en la casa matriz.

LA PREPARACION PUEDE MARCAR UNA DIFERENCIA

Para que una reunión tenga éxito, es importante planificar por anticipado. El hecho de realizar un buen planeamiento ayuda a crear un estado de ánimo positivo y le brinda un matiz profesional y eficiente a la reunión. Para que las reuniones tengan éxito, es conveniente seguir los siguientes pasos antes de la misma:

- Analice de qué tipo de reunión se trata: de accionistas, de directores, comisiones especiales, de la fuerza operativa, etc.
- Envíe una notificación a todos los participantes.
- Incluya fecha, hora, lugar y finalidad de la reunión.
- Invite por teléfono a los participantes a los que no puede enviar notificaciones por correo.
- Tenga un registro adecuado de todas las respuestas. Si las invitaciones fueron enviadas por correo, y no recibe

inmediatamente una respuesta, corresponde hacer un llamado telefónico de seguimiento.

- Reserve la sala de reuniones si no se utilizará la oficina del jefe. Asegúrese de que la sala de reuniones elegida sea lo suficientemente grande para alojar a todos los participantes. Controle la cantidad de sillas, la iluminación, la ventilación, y los tomas de los enchufes.
- Prepare la orden del día. Esta es una descripción detallada de todos los temas que se tratarán en la reunión. A continuación, le brindamos una típica lista de verificación:

  (a) Lea las minutas de la reunión anterior.
  (b) Solicite a los demás jefes que envíen sus propios informes.
  (c) Recapitule los temas a tratar en la reunión. (Asegúrese de tener todos los informes sobre el tema en que se basa la discusión.)

- Llegue lo suficientemente temprano para revisar la sala de reuniones y ajustar los detalles de último momento. Organice la disposición física que tendrá la reunión. Puede suministrar tarjetas con los nombres de los participantes, bolígrafos y lápices, blocks de papel, ceniceros y cerillas, copias de la orden del día y otros elementos varios, de acuerdo con la política estándar de la compañía para reuniones.
- Controle el suministro de los accesorios que considera necesarios o que hayan sido solicitados, tales como materiales auditivos y gráficos, un pizarrón, atriles, micrófonos, etc.
- Tenga a mano los estatutos, las minutas de la reunión anterior, y todos los

demás materiales relacionados con esta reunión.

COMO LOGRAR QUE LAS REUNIONES VALGAN LA PENA

Desafortunadamente, una reacción muy común a muchas reuniones es decir que son aburridas y una pérdida de tiempo. En general, una secretaria no puede hacer mucho para remediar esa situación, pero lo que usted sí puede hacer es tomar medidas para asegurarse de que las reuniones en las que está ivolucrada sean interesantes, útiles, y a la vez productivas. Si sigue los pasos que indicamos a continuación, podrá lograr que las reuniones sean menos monótonas e incentivar a otros para que tomen su ejemplo:

- Al distribuir una orden del día, conseguirá que los participantes se interesen en la reunión antes de que comience.
- Asegúrese de que se hayan agradecido las ideas aportadas por los participantes, y que se haya hecho algún intento de llevarlas a cabo. La gente demuestra un interés más vivo cuando lo que se discute son sus propias ideas.
- No incluya el tratamiento de temas triviales en la reunión. Los temas que no atañen a casi todos los participantes deberían tratarse de manera separada, no durante una reunión general.
- Los objetivos de la orden del día deben estar bien definidos. Intente cumplir con los objetivos establecidos para esa reunión en particular.
- Es preferible que la reunión sea breve. Si son varios los que quieren hacer una presentación, fije límites de tiempo para cada uno bastante anticipadamente y no los modifique.

- No abandone un tema. No siga con otro hasta que no se haya terminado el primero.
- Designe a algunos individuos para que se refieran a problemas específicos, formulen soluciones, e informen sobre los resultados de sus gestiones en una próxima reunión.
- No permita que nadie acapare la reunión. Si esto sucede, asuma inmediatamente la dirección y continúe con el tema siguiente.
- Antes de cerrar la reunión, haga un breve resumen por si a alguna persona se le escapó algún punto tratado.

COMO PREPARAR LAS MINUTAS DE LA REUNION EN EL PROCESADOR DE TEXTOS

En ocasiones, se le pide a la secretaria que asista a las reuniones como secretario de actas. No es raro que se solicite de la secretaria profesional que participe en reuniones especiales de directorio de la compañía y tome nota para el jefe. Tomar minutas en forma regular será más fácil si utiliza un procesador de textos.

Establezca el formato que prefiera —uno que se adapte a las necesidades de la empresa— y después que la primera minuta esté guardada en un disco, en el futuro, solamente tendrá que agregar, borrar y actualizar los datos de la original. A continuación, veamos algunas pautas sobre los detalles que contienen las minutas y qué formato conviene darles para que sean fáciles de leer.

- Las minutas deberían incluir:

   (a) La fecha, la hora y el lugar de la reunión.
   (b) Los nombres de todos los asisten-

51

tes, incluyendo los de los visitantes.

(c) Una aseveración que diga "La reunión fue llamada al orden por ...".

(d) Una aseveración que diga "Las minutas de la última reunión (fecha) fueron presentadas y aprobadas".

(e) El informe del tesorero y cualquier otra discusión que pudiera surgir sobre la disposición de los fondos, etc.

(f) Las mociones y los nombres de los miembros que efectúan y apoyan esas mociones

- Los diversos temas de la orden del día no necesitan ser registrados palabra por palabra, sino generalizados en la forma más breve y concisa posible, a menos que alguien solicite específicamente que ciertos comentarios sean anotados al pie de la letra.

- Las decisiones deben estar registradas palabra por palabra. Mientras está tomando nota, si en algún punto no está segura de lo que alguien dice, debe pedirle al participante que repita sus comentarios. Si para preguntar espera a que termine la reunión, puede ser demasiado tarde.

- Cuando pase la resolución a máquina:

(a) Escriba a doble espacio;

(b) Tabule los párrafos a diez espacios en lugar de los cinco que habitualmente se utilizan.

(c) Escriba EN VISTA DE QUE y SE DECIDIO con mayúsculas.

(d) Los márgenes deben tener un ancho de 3 1/2 ó 5 cm, ya que es posible que el documento sea puesto en un marco o bastidor.

- Utilice negrita. Si utiliza la máquina de escribir, use cinta carbón y tipee arriba del nombre cinco o seis veces; un procesador de textos se lo escribirá directamente en negrita.

FORMATEAR

- Utilice márgenes laterales de 2 1/2 cm
- Coloque el título a 2 1/2 cm de la parte de arriba del papel y centre cada renglón. Por ejemplo:

MINUTAS DE LA REUNION
Junta de planificación
Departamento de Desarrollo
y Evaluación

(o)

JUNTA DIRECTIVA
Minutas de la reunión
Asociación comercial y profesional
de su ciudad

- Escriba las minutas a un solo espacio, dejando dos o tres espacios antes de los subtítulos. Poner subtítulos, hace más fácil la identificación de los temas.

- Use negrita para los subtítulos y para realzar fechas, nombres u otros elementos importantes; esto es muy fácil de hacer cuando prepara las minutas en el procesador de textos.

- Los temas a los que conviene poner subtítulos incluyen:

Número de miembros
Informes de las comisiones
Relaciones públicas
Informe del tesorero
Próxima reunión de directorio
Asuntos anteriores

52

Asuntos nuevos
Eventos especiales
Premios

Deje varios espacios a partir del último renglón de las minutas y tipee (su nombre), "Secretario de actas" en el centro de la hoja. Arriba de este título, firme.

- Coloque un rótulo en el diskette y guárdelo en un lugar accesible.
- Asegúrese de archivar una copia impresa de las minutas de cada reunión, para así poder modificar las minutas anteriores, y no tener que abrir cada vez un nuevo documento.

Las minutas de las reuniones son iguales que el resto de los documentos en una oficina. Se pueden preparar más fácilmente mediante el uso de un procesador de textos.

SEGUIMIENTO, LA VERDADERA DIFERENCIA

Inmediatamente después de una reunión, revise sus anotaciones, aun cuando no tenga la intención de transcribirlas en el acto. Haga esto mientras lo conversado aun esté fresco en su mente; de lo contrario, el paso del tiempo puede distorsionar lo que realmente aconteció.

Cuando transcriba las notas para su aprobación final, asegúrese de incluir todos los temas esenciales que debe contener una minuta.

Envíe un memo, adjuntando los temas y las minutas de la reunión, a todos los participantes. Esto será útil para los que no pudieron estar presentes, y este toque final es señal de profesionalismo.

EL ROL DE LA SECRETARIA EN LA ORGANIZACION DE UNA CONVENCION

La secretaria puede brindar una ayuda invalorable al jefe que ha sido elegido para organizar una reunión a gran escala o una convención. La planificación —referida a dónde, cómo y quiénes— generalmente comienza con un año o más de anticipación y termina en el lugar donde se celebrará la convención, donde hay que ocuparse de los aspectos que solamente pueden manejarse *in situ*, antes de que se efectúen los discursos de apertura. Aunque generalmente es el presidente de la convención quien debe tomar las decisiones más importantes, la secretaria deberá colaborar estrechamente en todas las etapas de la organización, y podrá encontrar de mucha utilidad el arte de delegar las tareas menos importantes.

LUGAR: CENTRO DE CONVENCIONES U HOTEL

- Las distancias hasta los aeropuertos y estaciones de ferrocarril, hasta las compañías de transporte público e instalaciones del hotel, como así también hasta los lugares de recreación para los participantes, son aspectos importantes en el momento de elegir el lugar. Otros aspectos fundamentales incluyen la disponibilidad de: espacio para oficinas, salas de reuniones y aparcamiento. En las ciudades más importantes, el lugar para la convención se reserva con años de anticipación; por lo tanto, mucho dependerá de un timing correcto.
- Aprenda los nombres de las personas responsables de la organización de la reunión, que pertenecen al hotel y/o centro de convenciones.

- Se deberán enviar las confirmaciones de las reservas a todos los participantes. Los sistemas computarizados que se utilizan hoy en día son mucho más eficientes para registrar, rápidamente, la entrada y salida del hotel, y para que existan menos posibilidades de cometer errores. Un sistema computarizado aliviará a alguien en la compañía (probablemente a usted misma) de la tarea de hacer el seguimiento del alojamiento de los participantes.
- Obtenga el nombre y número exactos de cada sala de reuniones; asegúrese de que la sala es adecuada para la función que debe cumplir. La asignación de las salas es difícil de modificar una vez cumplimentada.

PREPARACION DEL MATERIAL IMPRESO

- Una vez que se ha establecido la fecha y el lugar exactos, encargue los materiales impresos necesarios, tales como carteles, boletas para votar, órdenes del día y programas. Estos deben ser enviados al lugar de la convención. Si se ha cometido algún error, o se deben hacer algunos cambios, habrá tiempo suficiente para hacerlos.
- Asegúrese de que tanto el personal como los participantes de la convención puedan contar con una fotocopiadora.

SALAS DE REUNION Y ASIGNACIONES DE ESPACIO PARA OFICINAS

- Examine las salas de reuniones con mucha anticipación para asegurarse de que son suficientemente grandes para alojar a todos los asistentes.
- Controle la asequibilidad de las salas de reuniones entre sí.

- Asegúrese de que las salas sean las adecuadas para el tipo de reunión que se realizará en las mismas: sillas cómodas para reuniones prolongadas y mesas para reuniones donde haya que escribir.
- Asegúrese de que la vista del escenario no esté obstruida y que no haya ruidos que puedan distraer (por ejemplo, estar demasiado cerca de la cocina).
- La ventilación, la acústica y la iluminación deberán ser las apropiadas.
- Los equipos audiovisuales (micrófonos, atriles, amplificadores) deben estar disponibles y en buen estado de funcionamiento.
- Es indispensable que cuente con una oficina temporaria para utilizarla como base de operaciones. Solicite una en el hotel o centro de convenciones y asegúrese de que esté equipada.

PROCEDIMIENTOS PARA REGISTRARSE

Para que los procedimientos para registrarse sean rápidos, sin largas esperas, y dar así un buen comienzo a la reunión, vea las pautas siguientes:

- Tome las medidas para que el hotel o centro de convenciones le provea un espacio adecuado para registrar a los asistentes. Muchas de las tareas de la secretaria se concentran en la recepción, donde siempre deberá estar presente algún miembro del personal.
- Provea carteles para que los asistentes puedan orientarse hacia los distintos lugares.
- Debe haber sobres en la recepción para cada asistente, ordenados alfa-

béticamente, para poder distribuirlos con rapidez en el momento apropiado.

- Si fuera posible, envíe anticipadamente a todos los participantes los materiales con los detalles de las reservas.
- Lleve suficiente material de oficina con usted: lapiceras, lápices, cinta adhesiva, papel de cartas con membrete, sobres y blocks. Es posible que cualquier negocio de ventas de material de oficina se encuentre demasiado alejado.

ARTE DE PROVEER BANQUETES (CATERING)

- Las pausas para tomar café, los refrigerios y banquetes deben acordarse con el hotel o debe contratarse un proveedor de banquetes.
- Se deben coordinar con el maitre d'hotel las disposiciones especiales de las mesas y la ubicación de las sillas.
- Casi todos los hoteles tienen menús impresos y servicios especiales de lunch para convenciones. Conviene solicitarlos con anticipación.

HOSPITALIDAD

- Como una atención para todos los visitantes a la convención, quizá usted desee entregarles un folleto (casi todos los hoteles los tienen) donde se describen las atracciones existentes, tales como lugares para cenar en la zona, espectáculos, lugares para ver y puntos de interés.
- Suministre un programa diario de actividades a todos los hoteles que son utilizados por los asistentes a la convención, como así también copias para colocar en las carteleras del centro de convenciones.

- Los invitados de honor, como por ejemplo el orador principal de la convención, deben recibir una atención preferencial. Para tratar al invitado con cortesía, se debe nombrar a un miembro del equipo para que lo espere en el aeropuerto, le provea el medio de transporte, lo acompañe a los eventos especiales y actúe como ayudante/asistente temporario.

PROCEDIMIENTOS DE SEGUIMIENTO

Cuando la exposición o reunión llega a su fin, quedarán algunos problemas sin resolver. Póngase en contacto con el personal del hotel/centro de convenciones que colaboraron con usted, agradézcales la participación y asegúrese de que la compañía haya cumplido con sus obligaciones:

- Devuelva los equipos prestados o alquilados.
- Deseche los elementos sobrantes, sobre todo el material impreso. Esto es en general más económico que enviarlos de vuelta. Es un poco difícil que los materiales se vuelvan a utilizar, ya que tienen las fechas y horarios de la reunión recién terminada.
- Verifique y firme todas las cuentas incurridas por la compañía, antes de enviarlas al departamento de contabilidad. Es conveniente hacerlo antes de marcharse del lugar de la convención; los desacuerdos son más fáciles de resolver cuando aún está en el lugar.
- Una medida indispensable es realizar un resumen de sus experiencias, especialmente si se produjeron problemas inusitados. Se pueden incluir en el manual de procedimientos de la compañía, para el afortunado que tenga que organizar la siguiente conven-

ción. PUEDE QUE SEA USTED NUE-VAMENTE.

CONSEJOS PARA SOBREVIVIR A LA CONVENCION

Son cada vez más los asistentes administrativos, las secretarias y otros miembros del personal que asisten a convenciones. Aquellos que lo hicieron habrán llegado por sí mismos a algunas de las siguientes conclusiones, pero para el participante neófito, brindamos a continuación diez sugerencias que pueden marcar la diferencia entre el éxito y la afirmación: "No quiero participar nunca más".

- Confirme *todas* las reservas nuevamente. Las reservas de avión, tren u hotel se pueden extraviar. Puede ser de lo más frustrante llegar al hotel luego de un cansador viaje, y descubrir que el ordenador del hotel no la conoce ni a usted ni a su compañía. Es posible que el empleado del hotel le diga "lo siento mucho", pero esta frase no le ayudará a conseguir una cama para dormir o una ducha. Confirme las reservas de nuevo, para no tener que lamentarse.
- ¡Piense con los pies! Dos o tres días de recorrer el centro de exposiciones —sin mencionar las visitas a los lugares de interés de la nueva ciudad— puede ser verdaderamente doloroso. Lleve zapatos cómodos, y si es posible, cámbielos durante el día. Esto quizá sea difícil para los hombres, pero llevar en el portafolios un par de calcetines para cambiarse puede hacer maravillas con unos pies que arden.
- Las fiestas y las salidas pueden acabar con usted antes de que comience real-mente la convención. Recuerde, usted está allí para hacer negocios, conocer nuevos productos o asistir a talleres. Disfrute de esa convivencia, moderadamente, y lleve un medicamento para el dolor de cabeza.
- Planifique su estrategia de exhibición. No pasee a la deriva. Mire el plano del lugar, marque los stands y demostraciones que le interesen y que sean pertinentes para su compañía. Visite éstos en primer lugar. Muchas convenciones son tan grandes que, sin un plan, se agotará antes de tener la oportunidad de ver y hablar con aquellos que le interesaban.
- Junte folletos. Léalos también; constituyen una valiosa fuente de información.
- Junte las tarjetas de visita. Haga anotaciones al dorso de las mismas; es posible que quiera entrar en contacto nuevamente con alguien, y de vuelta en el hotel después de un largo día, le puede ser difícil recordar quién cotizó el mejor precio de las grampas.
- Coma con moderación. Todos conocemos el caso de la Venganza de Moctezuma: demasiada comida suculenta en horarios irregulares puede producirle serias molestias.
- Conozca la mayor cantidad de gente posible. Los contactos son una razón primordial para atender una convención. La experiencia nos demuestra que hacia la noche va quedando menos gente. Los expositores comienzan a relajarse, y tendrá entonces más posibilidades de intercambiar información e ideas con la gente.
- A su regreso, comparta sus experiencias con los demás miembros del equipo. Entregue la información, los folletos, las tarjetas de visita, etc. a los

que corresponda en la oficina por ejemplo, la información sobre un equipo nuevo de procesamiento de textos al jefe del centro de procesamiento, los nuevos sistemas contables para el sector de contaduría, etcétera.

- Escriba informes sobre los aspectos positivos y negativos de la convención. Envíe estas impresiones a los directivos. Si la convención estuvo mal organizada y la información suministrada fue escasa, puede ser que se restrinja la participación en el futuro y que se gaste el dinero de otras maneras. Si, por el contrario, una convención estuvo especialmente bien manejada, y la información recogida fue útil, podría ser conveniente enviar más representates de la compañía el próximo año.

TELECONFERENCIAS VS. REUNIONES TRADICIONALES

El desarrollo reciente de las telecomunicaciones (conferencias mediante ordenadores, teleconferencias, y conferencias por vídeo/audio) están introduciendo cambios en la manera en que los directivos conferencian con sus colegas. Debido a estas innovaciones, se han comenzado a reducir los viajes de ciudad en ciudad para atender seminarios, conferencias, talleres y convenciones. Por último, muchas de las reuniones en las que participan hoy las secretarias podrían eliminarse con el paso del tiempo.

Empresas privadas ofrecen estudios a las compañías que requieren salas privadas para conferencias. Las cadenas hoteleras más importantes se han unido a los ganadores y han establecido salas de conferencias públicas por vídeo para huéspedes. Los colegios y las universidades están aprovechando ahora las redes satelitales para sus fines educativos, recibiendo ayuda financiera de empresas privadas y auspicios. Algunas estaciones de telecomunicación ofrecen actualmente conferencias por vídeo para entrenar a directivos.

El problema principal de cualquier tipo de telecomunicación es el coste. Además del capital necesario para tener un espacio en el estudio y equipos terminales, están los costes de la transmisión por satélite.

Considere estas ventajas para las empresas y para las secretarias:

- Gran parte de la correspondencia, el tiempo y la coordinación requeridos para conseguir que un grupo de individuos puedan reunirse cara a cara —generalmente organizado por la secretaria— pueden ser eliminados.
- Los mensajes, notas y minutas producidos a través de las redes de ordenadores, pueden emitirse e imprimirse durante la conferencia, con lo que el trabajo de almacenamiento, recuperación y seguimiento será más exacto y más rápido.
- Casi todos pueden asistir a una reunión desde "su propia casa". Así se reducen los costes de los viajes, y el tiempo que pasan lejos del trabajo, y pueden participar en la reunión personas que de otro modo quedarían excluidas.

Es muy posible que la teleconferencia por satélite, un gigante dormido que se está despertando rápidamente, reemplace los métodos tradicionales de reunión, en los que participan las secretarias, que deben ocuparse de mantener alta la productividad. Veamos las siguientes pautas para la realización de teleconferencias:

- Coordine los horarios y las órdenes del día con meticulosidad, tomando en cuenta el programa de cada participante en particular.
- De ser posible, organice dichas conferencias en los horarios de menor movimiento en la oficina.
- Cuando tenga que efectuar las llamadas, no se olvide de tomar en cuenta los husos horarios.

DECLARACION DE RENTAS: LA SECRETARIA AYUDA A PREPARARLA

Aunque su participación en planificar y coordinar reuniones sea menor, ahora que esto es realizado por redes de ordenadores y satélites, usted puede ayudar a la compañía a prepararse para el momento de la declaración de impuestos. En primavera ya es demasiado tarde para comenzar a juntar los documentos que necesita el contador a cargo de impuestos. El método más inteligente es hacer una lista de los datos necesarios durante todo el año. A continuación, veamos una lista de la documentación habitual requerida por el contador (en especial si el servicio impositivo ha solicitado una auditoría de las ganancias corporativas):

Artículos de incorporación
Libro de minutas de la corporación
Libro de certificados de acciones
Copia de regulación de ingresos
Formularios de impuestos
  sobre las planillas de pago
Planillas contables para igualar
  el libro mayor con la rendición
  impositiva

Copia de la/s rendición/es para
  la/s compañía/s afiliada/s
Libro diario de ventas
Libro diario de gastos
Lista de comprobantes
Actas de inventarios
Facturas que cubren los ítem
  de capital
Copia de las rendiciones
  del año anterior
Copia de las rendiciones de los
  accionistas más importantes

De acuerdo con algunos contadores públicos con certificación, uno de los elementos más descuidados es el libro de minutas de la corporación. Las corporaciones deben cumplir con la formalidad de tener minutas de las reuniones de accionistas y de directorio. El abogado de la compañía es la persona más idónea para aconsejar sobre cuáles son los ítem que deben registrarse y la terminología correcta. Generalmente se incluyen los siguientes elementos en el libro de minutas:

- Los sueldos y bonificaciones de los funcionarios.
- Las bonificaciones para otros empleados.
- La reunión anual de los accionistas y la elección de directores.
- Los planes de seguridad social y de jubilación, incluyendo hospitalización, seguros grupales, etcétera.
- Declaración de dividendos.
- Razones por la acumulación de fondos .
- Política de la compañía respecto de los reembolsos de gastos de viajes y entretenimiento, en especial correspondientes a los funcionarios que también son accionistas.
- Honorarios de los directores.

- Contratación de funcionarios corporativos.
- Alquileres, en particular de propiedades o equipos alquilados a los accionistas principales.
- Organización o reorganización de la corporación.
- Al menos una vez por año, una ratificación general de todas las actas de directorio y de los directivos.

Si se planifica de manera adecuada, y se mantienen siempre estos registros, la producción de la empresa no se verá afectada por el hecho de que todos tengan que correr desesperadamente de un lado al otro a último momento.

COMO PLANIFICAR EL VIAJE DE NEGOCIOS

El directivo atareado emplea una enorme cantidad de su tiempo en viajes. Mientras que los preparativos para el viaje pueden hacerse a través de una agencia de viajes, la ayuda que puede brindar la secretaria, anticipándose a lo que el jefe necesitará, y preparando la oficina para la ausencia de él o ella, puede resultar de un valor inestimable. Para facilitar todo lo relacionado con el viaje, brindamos a continuación los consejos siguientes:

- Prepare una lista de los datos necesarios: destino, medio por el cual prefiere viajar (avión, ferrocarril o coche), tomando como prioridad la velocidad y el coste, fecha y hora elegida para la llegada y la partida y tipo de alojamiento.
- Si utiliza los servicios de una agencia de viajes —la manera más sencilla y más rápida de hacer los preparati-

vos— debe brindarle la información completa sobre el viajero: los números de teléfono y las direcciones tanto de la oficina como de su domicilio particular.
- Hay tres maneras de obtener información sobre el transporte aéreo: usted puede llamar a la agencia de viajes de la compañía, llamar a la línea aérea directamente y solicitar la guía de salidas y llegadas, utilizar uno de los nuevos servicios de base de datos para viajes por ordenador por los que puede acceder a la misma información que está disponible para los agentes de viajes
- Pida a su agencia de viajes que guarde las publicaciones viejas; le serán útiles para obtener números de teléfono, direcciones y mapas. Una copia del plano del aeropuerto o del mapa de la ciudad de destino, prendida con una grampa al sobre que contiene el billete o al itinerario del jefe, es un verdadero servicio.
- Si su empleador prefiere que usted le haga las reservas de hotel, consiga una guía para seleccionarlo y reserve por teléfono.
- Asegúrese de tomar en cuenta los husos horarios cuando organice el programa de viajes y los compromisos. En el caso de las reservas de hotel, tenga cuidado de anotar los horarios en que debe dejar el hotel, y coordine esos datos con los otros detalles del viaje.
- Siempre solicite a los hoteles/moteles la confirmación escrita y entréguela a su jefe/a antes de su partida. Para no cometer ningún error, confirme nuevamente las reservas de avión.
- Prepare una lista de verificación, donde anotará los materiales que le

parece que su jefe debe llevar en su viaje de negocios:

(a) El programa de visitas. No deje ningún detalle afuera. Incluya el nombre y la dirección de la compañía y la persona que debe visitar, como así también el número de teléfono y otros comentarios pertinentes.

(b) Un itinerario escrito a máquina con las fechas y horas de llegada y de partida, ciudades, medios de transporte, aeropuerto o estación de ferrocarril, hotel y vuelos o trenes alternativos que se pueden tomar si el vuelo o tren programados se perdieran. (Esto lo puede proveer el agente de viajes.) Como una atención extra, prepare una copia de este itinerario para el cónyuge.

(c) La información necesaria sobre las compañías que debe visitar. Abra una carpeta para cada compañía e incluya copias de la correspondencia anterior, cartas, memos y otra documentación relacionada con el viaje.

(d) La lista de los números de las tarjetas de crédito.

(e) Artículos de oficina para llevar en el portafolios, además de un cuaderno para registrar los gastos de viaje.

AUSENCIA DEL JEFE

Una secretaria responsable es el mejor seguro que tiene una oficina cuando el jefe debe ausentarse por viajes de negocios, vacaciones o está ausente por enfermedad.

ANTES DE QUE EL JEFE SE MARCHE DE LA OFICINA

- Revise todos los almanaques y agendas para verificar las citas, almuerzos u otras actividades que pueda tener el jefe mientras está ausente. Discuta con su jefe para cuáles de esos eventos debería fijarse una nueva fecha, a su regreso.

- Avise a otras personas, dentro y fuera de la compañía, a quienes la ausencia del jefe pueda afectar. Puede ser que tengan que pedirle instrucciones respecto de importantes asuntos que pudieran surgir durante su ausencia. Esto es especialmente cierto en el caso de un abogado que tenga que instruir a un colega para que represente al jefe en un juicio.

- Revise su archivo (de asuntos pendientes) por si hay correspondencia o informes que es necesario enviar durante la ausencia de su jefe. Consulte con él respecto de qué decisión tiene que tomar.

- Pregunte a su jefe cuál es la información que puede dar a las personas que lo vengan a ver y a otros miembros del equipo durante su ausencia.

- Si su jefe tiene que hacer una presentación o dar un discurso, debe tener varias copias del mismo; entregue una copia a su jefe y meta otra dentro del portafolios en caso de que extravíe o le roben la primer copia. Estas cosas pueden suceder realmente. El asistente administrativo de un congresal que tiene que decir muchos discursos —y que tiene la costumbre de perder sus cosas— me contó que siempre despacha una copia del discurso al hotel para que esté allí a la llegada del congresal. Tenga una tercera copia en la oficina como reaseguro.

- Verifique con su jefe si hay algún informe en especial que desearía que usted le envíe si el viaje se alargara.
- Asegúrese de que el jefe le firme cualquier documentación para la cual se podría requerir su firma durante la ausencia (por ej., cheques, formularios, informes).
- Tenga en su poder una copia del itinerario de su jefe, incluyendo los números de teléfono donde se lo puede contactar.
- Asegúrese de que su jefe tenga los billetes, tarjetas de crédito, itinerario, etc. antes de salir por la puerta.

MIENTRAS EL JEFE ESTA AUSENTE
- Es conveniente ordenar toda la correspondencia que llega para su jefe, y clasificarla de acuerdo con lo siguiente: la que requiere acción inmediata, la que debe ser contestada, la que debe ser contestada por la secretaria, y la que debe ser leída para informarse y archivada.
- Mantenga un registro de todas las llamadas telefónicas, incluyendo en qué fecha recibió la llamada, motivo de la misma, número de teléfono para devolverla o medidas tomadas por la secretaria. Si fuera posible, incorpore toda la información en su procesador de texto para poder consultarla con rapidez y facilidad y para agegar más datos.
- Mantenga un registro de las visitas de la misma forma en que se mantiene una lista de llamadas telefónicas.

CUANDO EL JEFE REGRESA
- Resista a la tentación de "abalanzarse" sobre él en cuanto regrese, e intente evitar que los demás miembros del equipo hagan lo mismo. Deje que recobre el aliento primero.
- Cuando esté listo, el jefe le comunicará cualquier información respecto del viaje que le haga falta. A su vez, entréguele la lista de visitas y llamadas telefónicas que se acumularon durante su ausencia, y la correspondencia.
- Ponga sus archivos al día con los nuevos datos que su jefe le brinde sobre el viaje (nombres, direcciones y números de teléfono de nuevas relaciones de negocios). Vuelva a archivar la documentación y los papeles que tuvo que sacar de los archivos de la oficina para que su jefe llevara en el viaje.
- Procese todos los comprobantes de viaje, cuentas de gastos reembolsables y recibos, de los que usted es responsable, lo antes posible.
- Averigue si su jefe quiere que usted escriba notas de agradecimiento con su firma. Alternativamente, puede ser que su jefe quiera escribir estas notas a mano, en especial si lo alojaron en el domicilio particular de alguna persona.

UN PLAN PARA MANEJAR LA CORRESPONDENCIA EN LA OFICINA

La distribución de la correspondencia es una de las tareas diarias más importantes de una oficina. Casi todas las oficinas tienen sus propios procedimientos para recibir, clasificar y distribuir la correspondencia que llega, que dependen de la estructura de la empresa y la cantidad de correspondencia en cuestión.

En las compañías grandes, la correspondencia es generalmente entregada primero en el sector de correspondencia para su clasificación, se envía a los distintos departamentos y luego a los individuos. En algunos países este trabajo ya está siendo realizado por robots.

CORRESPONDENCIA - ENTRADA

- Amontone la correspondencia en cuatro pilas y clasifíquelas en: la que requiere una atención inmediata; la correspondencia importante, pero no urgente; las revistas y periódicos, por fecha; las circulares, la publicidad por correo directo.
- Mientras abre los sobres, escriba o ponga la fecha con un sello en toda la correspondencia.
- Fije con un engrampador todos los adjuntos a las cartas y revise varias veces para estar segura de que no quedó ningún papel dentro del sobre.
- Antes de tirar los sobres, haga un registro de toda la correspondencia que sea asegurada, de entrega inmediata, certificada, etc. Si fuera necesario, adjunte el sobre entero a la carta para cualquier consulta futura. El sello puede ser importante, por ejemplo para el departamento de contaduría o legal, en especial en los casos en que se otorga un descuento por girar antes de una determinada fecha. Conozco algunas situaciones molestas que se produjeron porque un cheque tenía una fecha y el sello otra. Algunos juicios se han ganado o perdido por algo tan simple como un sello.
- En el caso de la correspondencia que afecta a más de una persona o departamento, haga una copia con una nota adjunta que diga "Para su información", y envíela a quien corresponda.
- Si la correspondencia de su compañía debe ser enviada a varios sectores,

utilice papeletas con la lista de las personas a quien se debe entregar, para seguirle el rastro.
- Un consejo sobre la manera de clasificar las cartas de su jefe: ordénelas alfabéticamente, a menos que él prefiera que las clasifique por orden de importancia o de alguna otra forma.
- Marque con un realzador algunos ítem de interés para su jefe, tales como alguna fecha en especial, una fecha tope, o la hora y el lugar de algún evento. Las cartas con estas anotaciones pueden colocarse arriba de la pila que merece una atención prioritaria.
- Prepare un resumen de la correspondencia diaria, en caso de que su jefe llame para consultar.

CORRESPONDENCIA - SALIDA

Quizá lo que es necesario para la correspondencia no es un "cartero que llame dos veces" sino un remitente que piense dos veces. Ya sea que su compañía sea grande o pequeña, el hecho de conocer el manejo de la correspondencia, los servicios postales disponibles y cómo se utilizan, le ayudará a ahorrar tiempo y dinero, y al mismo tiempo a incrementar la eficiencia del envío de las cartas. Si usted es responsable del despacho de casi toda la correspondencia de su oficina, una visita al administrador de correos de su zona puede ser tiempo bien empleado. Las tarifas y los reglamentos postales cambian constantemente, y su oficina de correos local le puede sugerir métodos económicos para diferentes tipos de envíos.

- Revise toda la correspondencia antes de despacharla para estar segura de que tenga un aspecto profesional, sin manchas de tinta u otros borrones.

- Las firmas deben estar hechas con tinta negra; dicho color sale mejor en la mayor parte de las fotocopiadoras y fax.
- Asegúrese de que la dirección que figura en la carta sea la misma que figura en el sobre. Con el procesador de textos, SE PUEDEN llegar a producir una carta y un sobre con diferentes direcciones.

Ocuparse de la correspondencia de la oficina es lo mismo que ocuparse de todas esas otras tareas que usted realiza tan bien; se requiere un plan, el que sea mejor para su oficina.

MANEJAR EL CORREO CON TECNICAS ELECTRONICAS

El impacto y la influencia del correo electrónico en las empresas es otra adaptación a la automatización que están enfrentando las secretarias.

Muchas secretarias ya están en contacto con algún tipo de telecomunicación cuando inician, producen, distribuyen, almacenan y recuperan los datos. Los componentes de los sistemas electrónicos consisten en ordenadores de interfaz, procesadores y terminales, líneas y modems, y, desde ya, software. Es conveniente que esté familiarizada con los diferentes sistemas de correo que se utilizan corrientemente:

- **Facsímil,** también conocido como FAX, pueden enviar imágenes, o sea cuadros, gráficos y fotografías, como así también palabras impresas y escritas a máquina.
- **Telex,** servicio telegráfico.

- **Carta con franqueo pago.**
- **Redes privadas de procesamiento por teléfono** incluyen sistemas privados, domiciliarios, ofrecidos conjuntamente con las redes locales y con las terminales de ordenador y las impresoras de voz e inteligencia (láser) que son sistemas autoportantes que emiten desde el domicilio particular.
- **Reconocimiento de características ópticas (OCR),** un sistema que utiliza ordenadores analizadores para la selección electrónica de la correspondencia. Para aplicar el método más reciente de colocar las direcciones a máquina o por ordenador en los sobres, se requiere el formato siguiente:

(a) Utilice negritas.
(b) Ponga la dirección entera en mayúsculas.
(c) Elimine los signos de puntuación.
(d) No olvide el código postal.
(e) En las cartas dirigidas a un país extranjero, el nombre del país debe ir en el último renglón de la dirección.

Ejemplo:
MONSIEUR YVES DUVAL
123 RUE APIAN WAY
OTTAWA ONTARIO
K3P 0B9*
CANADA

Cuando es necesario anotar lo siguiente: PERSONAL, PARA SER ENTREGADO A: o CONFIDENCIAL en el sobre, debe escribir estas anotaciones en mayúsculas, dos renglones más abajo del último renglón de la dirección del remitente y a tres espacios del lado izquierdo del sobre.

Si la anotación se refiere a un servicio del correo, tal como EXPRESO, REGIS-

TRADA o CERTIFICADA, escriba la palabra a máquina inmediatamente debajo del área donde se pone la estampilla o donde se franquea el sobre.

Si la carta es dirigida con ATENCION a alguna persona, esto debe figurar en el segundo renglón.

LAS VENTAJAS DEL CORREO ELECTRONICO

- El software brinda una mayor flexibilidad para que los sistemas se puedan comunicar mutuamente.
- Es capaz de transmitir gráficos y hojas desplegables.
- Estos sistemas son más fáciles y más sencillos de manejar que los anteriores.
- Existe una amplia variedad de servicios postales.

REDUCIR LOS COSTOS DE LA CORRESPONDENCIA

Para las oficinas de hoy se requieren los equipos y accesorios más innovadores, como así también métodos para preparar la correspondencia para su despacho, mediante los cuales maximizar la productividad y la eficiencia y reducir los costos. Para modernizar los procedimientos de despacho de correspondencia en su oficina, le brindamos los siguientes datos y consejos:

- Las balanzas electrónicas son más exactas. Determinan el peso exacto y con esto se puede ahorrar bastante dinero. Algunas le avisan al operador cuál es el medio más económico para enviar correspondencia. Las tarifas internacionales de correo se pueden incluir en aquellas oficinas que tienen gran cantidad de cartas vía aérea, a países extranjeros.
- Las máquinas de franqueo reducen el trabajo manual y brindan registros exactos y documentación sobre los costos del franqueo. Con algunas es posible imprimir en el sobre eslogans o publicidad de la compañía. Estudie el sistema de mando a distancia de la máquina de franquear que le permite ajustar la misma mediante una conexión teléfono/ordenador.
- Debe considerarse la posibilidad de tener muebles especiales para el manejo de la correspondencia. Son útiles las mesas, los recipientes y los carros para clasificar la correspondencia. Una plétora de accesorios, tales como rotuladoras, aparatos para insertar y clasificar, etc. no solamente pegan las etiquetas con las direcciones en los sobres, sino que son capaces de hacer una selección previa de la correspondencia antes de su clasificación, de marcar los grupos de códigos, y tomar decisiones sobre algunas intercalaciones.
- Utilice sobres livianos; con esto reducirá el coste del franqueo.
- Elimine la necesidad de volver a escribir a máquina la dirección en el sobre, utilizando, si hubiera disponibles, sobres con ventana.
- Con un sello común, el sobre puede pesar hasta x cantidad de gramos, por lo tanto, podrá ahorrar dinero si envía varias cartas dirigidas a la misma compañía o individuo en un mismo sobre.
- Es conveniente que conozca a qué hora recogen la correspondencia del buzón. Puede hacer un envío de último momento, sin necesidad de tener que ir a la oficina central de correos.

- Envíe una carta con respuesta postal paga (mailgram), en vez de un telegrama común. Es más barato.
- Utilice postales en lugar de papel, para los memos o las cartas breves que no son confidenciales. Son menos caras. Fotocopie varias postales a la vez para guardar una copia.
- Haga un modelo para las cartas de rutina y guárdelo en su procesador.

Consulte en la oficina de correos sobre otras maneras de manejar los tipos especiales de correspondencia que envía su oficina. Se podría sorprender. No solamente puede ayudar a la compañía a ahorrar dinero, sino a incrementar la productividad en los momentos pico de despacho.

Parte III

La secretaria se comunica

6 MANTENIENDO ABIERTOS LOS CANALES DE COMUNICACION

¡Entonces por qué no dice lo que quiere decir!

La liebre de Marzo
a Alicia en *Alicia en el país de las maravillas* (Lewis Carroll)

LA COMUNICACION ABIERTA: UN ELEMENTO VITAL EN LA OFICINA

Nada es más importante para el buen funcionamiento de una organización que mantener siempre abiertos los canales de comunicación. Uno de los factores principales para conseguir un ascenso es tener talento para la comunicación oral y escrita. El entrenamiento profesional en comunicación que tiene la secretaria puede servir de modelo para toda la oficina. Veamos a continuación algunas pautas:

- Ya sean orales o escritas, organice las instrucciones y exprese las ideas claramente.
- Si las instrucciones orales van dirigidas a varios empleados, hable con todos a la vez, a fin de que todos escuchen las mismas palabras. Es difícil repetir varias veces un mensaje verbal de la misma manera.
- Los mensajes deben ser concisos, completos y correctos.
- Anote todo. Ningún ser humano tiene en su memoria suficientes "bits" ni "bytes" para poder recordar todos los detalles de todos los eventos que se producen diariamente en la oficina. Utilice el bolígrafo; es más poderoso que la espada.
- Escriba de manera legible. Una letra ilegible empobrece la comunicación.
- No dé nada por supuesto. Solamente porque el jefe haya asistido a una reunión del Club Rotario o a un simposio de modas el segundo miércoles de cada mes durante los últimos dos años, no significa que él o ella asistirá a la próxima reunión. Puede tener la obligación de asistir a un juicio ese día. Conviene siempre preguntar.
- Evite los puntos de vista sentimentales, expresarse mediante vocabularios especiales o jerga y los lugares comunes. Pueden originar una interpretación falsa.
- No cuente una falsedad intencionalmente a alguien dentro o fuera de la oficina. Perderá su credibilidad y ganará una mala reputación.
- Tenga cuidado con los malentendidos que pudieran ser causados por las diferencias de experiencia y ambiente.
- Las relaciones débiles pueden transformarse en escalones para avanzar en la comunicación en lugar de impedimentos.

- La aptitud de saber escuchar es de capital importancia.

LA SECRETARIA ESCUCHA

Una de las quejas principales de los directivos es que los empleados no siguen sus instrucciones. Para ello, lo principal es saber escuchar. El hecho de ser un buen escucha, ya sea en un aula, durante un evento social o en una oficina, ayuda a aprender más, a tener más posibilidad de conseguir mejores empleos y promociones y una comprensión más profunda de la palabra hablada.

El arte de escuchar se puede aprender. Veamos a continuación algunas técnicas de escucha que puede aplicar en su oficina:

- Cuando escuche, use los ojos. Lo que usted ve mientras una persona está hablando, es tan importante como lo que oye.
- Escuche el contenido. Olvídese de la manera en que se expresan, en especial si está escuchando a un orador o está participando en una reunión. Los oradores profesionales utilizan a menudo técnicas teatrales; no deje que esas tácticas tengan influencia sobre su propia interpretación de lo que está diciendo.
- Mientras está escuchando, haga mentalmente un resumen.

- Mientras está escuchando a un orador que habla lentamente, no sueñe despierto. Escuche entre líneas, el tono de voz, el modo de articular, etc. La expresión pausada puede ser una expresión de ideas eficaz.
- No confíe demasiado en su memoria cuando se dan instrucciones; tome nota. La taquigrafía puede resultar muy útil en ese momento. Sin embargo, no se entusiasme escribiendo hasta el punto de perder el hilo de lo que están diciendo.
- No haga comentarios hasta que terminen de dar las instrucciones. Si hay algo poco claro o cuestionable, solicite que repitan las medidas a tomar.
- Sea flexible. Puede ser que le pidan que adopte un enfoque distinto esta vez. Si esto fuera así, entonces siga las nuevas instrucciones. Escuchar cuidadosamente es particularmente importante en este último caso.
- Trate de evitar las distracciones. Si se encuentra en una oficina ruidosa, con mucho movimiento, esto le puede dar trabajo.

Cualquiera sea el método utilizado para comunicarse, debe transmitirse el significado con exactitud y claridad, a fin de evitar las barreras hacia la comunicación eficaz.

7 Y LA PALABRA FUE ESCRITA

Contéstame con una sola palabra.
William Shakespeare

LA SECRETARIA ESCRIBE

Al principio fue la palabra, y para la mayor parte de las secretarias, la palabra fue escribir a máquina. Resultaba difícil hacer correcciones pulcras y que no se advirtieran, y era imposible editar mientras se escribía. Hoy en día, muchas secretarias no mecanografían, y si lo hacen, ¡la palabra es PROCESAR, y se ha vuelto más fácil y hasta DIVERTIDO! Usted puede mover el texto de un lado a otro simplemente con apretar una tecla, puede tabular el margen correcto, numerar las páginas, escribir las palabras clave en negrita, centrar los títulos y las columnas, guardar los textos para usarlos en el futuro, y hasta mezclarlos con otra información. Quizá el aspecto más importante de todos sea que puede imprimir la copia original de la forma más profesional y prístina en cuestión de segundos.

A medida que evoluciona el software para los procesadores de textos, se vuelve cada vez más poderoso. Nuevos paquetes de software continúan apareciendo en el mercado, ofreciendo programas que ejecutan funciones cada vez más complicadas referidas a escribir y editar.

Es aconsejable realizar un inventario frecuente —quizás cada dos meses— de la correspondencia de rutina y otros materiales escritos enviados por su centro de procesamiento de textos. Investigue el mercado para descubrir paquetes que le ayudarán a desempeñar su trabajo con mayor eficiencia. Por ejemplo, algunos sistemas dividen la pantalla para crear ventanas (windows) que le permiten trabajar con varios documentos al mismo tiempo.

Existen hoy en día paquetes integrados que agregan otras funciones a su procesador de textos para preparar documentación donde sea necesario incluir gráficos, hojas desplegables o información data-base. Es posible juntar toda esta información en un sistema sin cambiar los diskettes. La edición desde el escritorio ha posibilitado la ejecución de una gran cantidad de funciones que antes solamente eran posibles vía imprentas profesionales.

Veamos qué pueden hacer por usted los paquetes de procesamiento de textos disponibles:

- Personalizar, expandir y actualizar listas de mailing.
- Poner las direcciones en los sobres.
- Revisar la ortografía mientras se introducen los datos.
- Indicar los errores gramaticales más comunes.
- Mejorar su escritura con palabras su-

geridas por un programa de diccionario de sinónimos.

- En el caso de manuscritos largos, hacer el índice, poner las notas al pie de la página y recopilar la bibliografía en orden alfabético.

Los programas se están mejorando, ya que se están eliminando los virus y se están agregando nuevas características. Investigando un poco, o llamando por teléfono (a grupos de usuarios o a los mismos fabricantes del software) usted puede obtener la información actual respecto de todas las funciones que dichos programas pueden desempeñar, y así lograr que el uso de su procesador sea más divertido.

LA SECRETARIA RESPONDE
LA CORRESPONDENCIA DE RUTINA

Además de que manejan su propia correspondencia cuando desempeñan un rol ejecutivo, las secretarias también responden con frecuencia cartas de rutina (y algunas no tanto) en lugar de sus atareados jefes. Las comunicaciones incluyen memos, cartas que se refieren a recomendaciones, promocionales, averiguaciones, ventas y mensajes de agradecimiento o de felicitación. Cualquiera sea el tipo de negocio, cada vez más la correspondencia está siendo escrita por la secretaria experimentada. Algunas secretarias piden a sus jefes una lista de las personas que lo atendieron durante su viaje de negocios, y escriben automáticamente notas en las que expresan el agradecimiento del jefe. Por supuesto, deben ser capaces de determinar en qué casos corresponde que el jefe mande una nota manuscrita. Con la función de preparar para edición que tiene el procesador de texto, las cartas pueden escribirse, archi-

varse en la memoria y utilizarse nuevamente, haciendo leves modificaciones a las mismas, sin perder ese toque personal. Sin embargo, aunque el procesador de textos hace otras maravillas, no puede redactar una carta con estilo y personalidad. No es fácil desarrollar la habilidad de escribir cartas, pero puede ser una tarea grata y un desafío. A medida que redacta más cartas, comenzará a crear su estilo único o aprenderá rápidamente el estilo de su jefe, si contesta la correspondencia de éste.

Veamos seguidamente algunas pautas, para que el hecho de escribir y leer cartas se transforme en una tarea más sencilla:

- ¡Primero SERENESE! Quizá esta sea la técnica más importante para cualquier tipo de escritura. Cuando comience a escribir, ponga sus pensamientos en palabras, como si fuera a hablar. Utilice las palabras más simples que se le ocurren y póngalas luego en papel o en la pantalla.
- Haga un borrador o un bosquejo, inclusive en el procesador, para decidir si el mensaje que desea comunicar parece lógico. Intente varias maneras diferentes de organizar las ideas que quiere exponer.
- Mantenga el mensaje simple, breve y fácil de entender. La brevedad del mensaje, aparte de ahorrar tiempo, le garantiza que lo esencial no estará oscurecido por palabras extemporáneas. En lugar de decir "Debido a que", simplemente diga "Por", o "Porque". "Para" significa lo mismo que "Por la cantidad de" y se escribe mucho más rápidamente.
- Utilice el enfoque centrado en "USTED". Con dicho enfoque, en lugar de uno centrado en el "Yo", demuestra

respeto e interés por el destinatario. En todos los casos, utilice el nombre de la persona. No hay una manera mejor de utilizar el enfoque centrado en USTED.

- Sea POSITIVO antes que negativo. Es sorprendente cómo esto se puede lograr juntando las palabras en una forma especial. "Quedamos a su disposición para cualquier otra información" suena mucho más positivo que "En caso de necesitar más información, puede comunicarse con nosotros".

- Elija palabras precisas (precise). Evite el uso de superlativos inútiles. Si tiene la más mínima duda sobre el significado de una palabra, especialmente comparándola con las palabras parecidas, consulte el diccionario. Por ejemplo, en la frase, "Ella se sintió tristemente desilusionada," borre la palabra "tristemente". ¿Quién se sintió alguna vez "alegremente" desilusionada?

- Evite la repetición. Establezca su proposición una sola vez claramente; ahorrará tiempo y tedio para su lector y para usted.

- Evite la ambigüedad. Trate de no utilizar frases largas y dilatadas. Tienden a confundir al lector o hacen que pierda el hilo. Asegúrese de que todo pronombre tenga un antecedente. Cuídese de que el significado esté claro con la primera lectura.

- Las frases floridas están EXCLUIDAS. Los adornos superfluos y las exageraciones han cedido el lugar al lenguaje simple, cotidiano. En lugar de decir "Tome en consideración", diga "Considere". "Ayudar" significa lo mismo que "brindarles nuestra ayuda" y suena menos pomposo.

- Escriba su mensaje como si fuera una conversación. Si escribe como habla, sus cartas tendrán un tono más informal. El efecto debería ser lo más parecido a un intercambio persona a persona.

- No trate de ser graciosa. Un débil intento de mostrarse ingeniosa puede arruinar el efecto de la carta.

- Utilice un tono cortés y amable. POR FAVOR y GRACIAS son palabras sencillas, pero hacen maravillas para mejorar las relaciones con otras personas en papel así como en persona.

- Asegúrese de que las cartas estén completas. A menudo es necesario escribir una segunda carta, porque en la primera se omitieron datos pertinentes. Antes de despachar la carta, controle las fechas, los números, las horas, los adjuntos, etcétera.

- Finalmente, revise y vuelva a revisar la carta, para estar segura de que el contenido sea correcto. Tiene que estar segura de que la carta tiene SENTIDO.

ESCRIBIENDO A MANO EN LA OFICINA MODERNA. ¡SIN DUDA!

El dedo que se mueve escribe, y, habiendo escrito, no se detiene ...
El Rubayiat, Omar Khayyam

Con la aparición de los ordenadores, procesadores de textos y calculadoras electrónicas, usted podría pensar que la caligrafía es una aptitud fuera de moda. Si piensa que la escritura está en decadencia, es porque no ha hablado con secretarias que tienen que seguir adelante con el ciclo de los procesadores, que consiste en revisar y volver a revisar los borradores, con correcciones, garabateadas en los márgenes, con la letra más ilegible que se pueda imaginar, y de todas las formas y tamaños posibles. Es muy ingrato perder tiempo intentando localizar al que escribió una carta, porque hay que traducirlo antes de poder escribirlo en el procesador. Piense también los mensajes telefónicos escritos a mano que resultan ilegibles.

Una letra clara debe exigirse a cualquier persona que trabaje en una oficina. Secretarias, ¿no sería este aspecto un prerequisito para sus jefes? ¿Qué se considera, entonces, un estilo de escritura aceptable? Es aquel que toda persona de habla española y conocimiento de los números arábigos puede comprender. Cualquier estilo es aceptable mientras sea legible.

Si quiere analizar su propia escritura, escriba un memo dirigido a tres personas de la oficina. Entregue una copia a cada uno de ellos y pídales que se lo lean en voz alta. Si todos lo leen sin vacilar, entonces se ha sacado un "10" en caligrafía.

¿SE OLVIDO DE LA TAQUIGRAFIA? PRACTIQUE

El uso de la taquigrafía se remonta al siglo IV a.C. y aún tiene vigencia y se utiliza de muchas maneras, aparte del dictado cara a cara. La secretaria que ha dominado el arte de tomar dictado con taquigrafía/transcripción, tiene en general facilidad para el manejo del lenguaje, que es un requisito para la transcripción como así también para otras formas de comunicación.

La taquigrafía es, por ejemplo, una valiosa herramienta administrativa. Los mensajes telefónicos, las instrucciones, los recordatorios, las minutas de reunión y las notas tomadas durante las clases pueden registrarse rápidamente mediante la taqui-

grafía. Aunque en su trabajo no necesite utilizarla, no deje que se oxide. Enumeramos a continuación atajos y técnicas para el uso de la taquigrafía que se le pueden haber olvidado.

- Ponga la fecha del trabajo de cada día, con su propia caligrafía, en el ángulo inferior izquierdo de la página, para poder consultarla con facilidad. Si utiliza tinta roja, podrá encontrar anotaciones viejas más rápidamente.
- Indique las horas también en sus notas, para que le sea más fácil consultarlas más tarde.
- Use siempre un bolígrafo para escribir con taquigrafía. Un bolígrafo requiere menos esfuerzo muscular y el contacto con el papel es más liviano. Las notas tomadas con tinta permanecen inalteradas durante más tiempo que las escritas a lápiz. (La tinta violeta se lee más fácilmente bajo la luz artificial.)
- Utilice un cuaderno separado para cada persona de quien recibe dictado. Al final del dictado, coloque las iniciales de la persona que le dictó.
- Numere cada ítem y ponga un título a su documento: carta, memo, informe, etcétera.
- Cancele las notas trazando una línea en diagonal a través de cada ítem a medida que lo transcribe.
- Utilice una marca especial para indicar el final de cada carta. Esto le ayudará a determinar la longitud aproximada de la misma antes de transcribirla.
- No intente borrar o raspar la hoja para corregir errores. Una línea oblicua trazada sobre el signo es suficiente para indicar una tachadura en la mayor parte de los métodos taquigrá-

ficos. Si no es su caso, utilice un círculo.

- Si la persona que le dicta modifica con frecuencia lo que le está dictando, use solamente la columna del lado izquierdo de la hoja para tomar nota, y deje la del lado derecho para agregar las correcciones y anotaciones especiales. Esto es particularmente útil cuando está tomando nota de las minutas de una reunión.
- Deje varios renglones en blanco al principio de cada nuevo documento para poder anotar las instrucciones especiales que se le puedan ocurrir a la persona al final del dictado.
- Numere cada intercalación que haga en sus notas, indicando el lugar mediante el signo (^), el símbolo de los correctores de pruebas que indica dónde debe hacerse una intercalación. También el uso de un bolígrafo con tinta roja o un realzador para indicar intercalaciones es un método útil.
- Tenga varios clips prendidos en la última tapa del cuaderno, para señalar los ítems urgentes, tales como los telegramas o las transcripciones prioritarias. También son útiles los realzadores o las cintas indicadoras autoadhesivas.
- Escriba los nombres propios, direcciones, nombres de las empresas, y los términos poco comunes o dudosos en caligrafía, para poder transcribirlos con exactitud.
- No tema inventar sus propios signos de uso repetido para vocabulario especializado, nombres y descripciones de productos o servicios de la compañía.
- Trace una línea bajo las palabras o frases que deben ser subrayadas en la transcripción. (Estas aparecerían en bastardilla en imprenta.) Utilice dos líneas para indicar las palabras o frases que deben transcribirse en mayúsculas. Tres líneas indican palabras o frases que deben escribirse con mayúsculas y subrayarse.
- Haga preguntas sobre el dictado —respecto a palabras, ortografía, cifras u otros detalles— antes de dedicarse a transcribirlo. Con esta medida, evita tener que interrumpir después a la persona que le dictó y también evita el riesgo de olvidarse qué quería preguntar.
- Haga una corrección de prueba de sus notas transcriptas para estar segura de que los datos son exactos y el contenido tiene sentido.
- Ya que el cuaderno de la estenógrafa es propiedad del empleador, debe ponerle fecha y archivarlo en un lugar conveniente y seguro para su fácil consulta.
- Anote en la tapa del cuaderno que ha archivado las fechas de comienzo y finalización del material que contiene. Pegue un índice en la tapa interior para tener una doble identificación.

Si realmente desea perfeccionar sus conocimientos de taquigrafía y también adquirir mayor velocidad cuando le dictan, tome nota de las noticias o de un discurso mientras mira TV o escucha la radio. Practique, practique, practique. Existe un antiguo refrán entre los profesores de taquigrafía que dice: "La taquigrafía promueve la posibilidad de promocionarse".

¿PERPLEJO ANTE LA UTILIZACION DE PARRAFOS?

La mala utilización de los párrafos es una de las razones más frecuentes por las cuales cuesta escribir una carta, o la misma parece carecer de sentido. Son una comodidad para el lector, ya que al comenzar un párrafo, le estamos indicando que comenzamos la discusión de una idea nueva. El lector puede seguir el curso de nuestro pensamiento y captar el mensaje. A continuación, vea las siguientes pautas para que le sea más fácil dividir el texto en párrafos:

- Un párrafo puede estar formado por un sola oración pero, en general, contiene varias oraciones, todas relacionadas con el mismo tema. De esta manera, se puede definir un párrafo como un grupo de oraciones que están relacionados con un tema específico.

- De la misma forma en que limita el número de ideas en una sola oración, limite el número de oraciones en un párrafo. Cada uno debe contener oraciones que se refieran a un único tema.

- El párrafo también puede tener la finalidad de destacar una afirmación o una pregunta. La técnica de enumerar puntos dividiendo en párrafos, le da más énfasis a cada uno.

- Para llenar el vacío entre los párrafos, utilice conjunciones o expresiones transitivas. Una adecuada selección de palabras de enlace le permite al lector no perder el hilo del tema no sólo desde un párrafo a otro, sino desde una oración a la otra. Veamos algunas expresiones transitivas comunes que pueden ayudar al lector a entender su mensaje:

(a) Para mostrar causa y efecto: Como corresponde, A causa de, En consecuencia, Por lo tanto, Porque.

(b) Para introducir ejemplos: Verbi-gracia, Es decir, Tal como, O sea, Por ejemplo.

(c) Para mostrar excepciones a lo que se ha dicho: Pero, Aunque, Por otra parte, Por el contrario, De otra manera, Sin embargo.

(d) Para indicar tiempo, lugar u orden en relación con lo que antecede: Sobre todo, Finalmente, Además, Entonces, Mientras tanto, En resumen, Próximamente, Asimismo, Todavía, Igualmente, Más temprano, Luego.

Sin embargo, no espere que estas ayudas hagan milagros. Si a continuación sus ideas no siguen una secuencia lógica, el uso de tales expresiones no ayudarán al lector.

¿COMO SALUDAR?

Los salutaciones en la correspondencia comercial se prestan a confusión. Una de las maneras de eliminar el dilema que nos plantean los saludos, es consultar el formato simplificado, moderno, para cartas (ver apéndice No. 6), en el cual no se utilizan saludos ni tampoco se cierra la carta de manera especial. Veamos a continuación las prácticas corrientes que se recomiendan en la correspondencia comercial:

(a) Una mujer, cuyo estado civil se ignora: Estimada María Rodríguez.

(b) Dos o más hombres: Estimados Sr. Gómez y Sr. López; Estimados Sres. Gómez y López.

(c) Dos o más mujeres: Estimadas Sra. Carriego y Srta. Méndez.

(d) Si ambas son casadas: Estimadas Sra. Carriego y Sra. Méndez; Estimadas Sras. Carriego y Méndez.

(e) Si ambas son solteras: Estimadas Srta. Carriego y Srta. Méndez; Estimadas Srtas. Carriego y Méndez.

(f) Si no conoce el estado civil de ambas: Estimadas Lucena Carriego y Angélica Méndez.

(g) Una mujer y un hombre: Estimados Delia Palacios y Sr. Ramírez.

(h) Varias personas: Estimados María Gallardo, Sra. Romano, Sr. Lemos y Sr. Ríos; Estimados amigos (Romanos, griegos, colegas, etc.)

(i) Una organización formada solamente por mujeres: Señoras.

(j) Una organización formada íntegramente por hombres: Señores.

(k) Una organización formada por hombres y mujeres: Señoras y señores.

¿DE QUE MANERA TERMINAR LA CARTA?

El modo de terminar la carta es tan variado como los saludos. La frase de salutación y el tono de la carta determinan la frase utilizada para terminar. Daremos a continuación algunas maneras de terminar la carta que se usan tradicionalmente, aunque usted puede crear las propias.

- "Le saluda atentamente", (con o sin "muy") cuando la carta está dirigida a alguien a quien hay que demostrarle mucho respeto, tal como un clérigo o un funcionario oficial.

- "Le saluda sinceramente", o "le saluda cordialmente", (con o sin "muy") cuando la salutación es "Señoras y señores," o "Estimado señor o señora," o cuando el tono de la carta es formal, o distante.

- Por supuesto, puede terminar la carta de otras maneras, tales como "Esperando verlo en la convención" o "Hasta pronto".

UTILICE UN FORMATO ECONOMICO

Una vez que las cartas están escritas, si usted es la que debe tipearlas, querrá elegir un formato que resulte económico, como así también que sea atractivo. Debido a que los procedimientos, los gastos por espacio y equipos y la organización de los servicios secretariales son diferentes entre una empresa y otra, el coste para producir una carta de 200 palabras varía de manera significativa. Cualquiera sea el coste final, la producción de una carta es cara. Asegúrese de tomar todas las medidas que hagan falta para reducirlo. Uno de los primeros principios de la efectividad del coste es plantear la pregunta siguiente: "¿Es realmente efectivo?" Si el formato elegido ayuda a reducir los costes debido a que el tiempo empleado por el operador es menor, entonces la respuesta a la pregunta es positiva. Veamos algunos consejos:

- Utilice para todas las cartas y memos, márgenes estándar de 2 1/2 cm. Consiga que la carta quede equilibrada haciendo que el procesador mueva la totalidad de la carta hacia arriba, hacia abajo, y en forma horizontal. Si escribe a máquina, puede elevar o bajar la carta agregando o borrando renglones antes y después de la fecha o de la oración con la que finaliza la carta.

- Algunos aspectos especiales de las cartas pueden abreviarse, tales como los renglones que se refieren a la atención o a la referencia (por ejemplo, At. para Atención y Ref. para Referencia)

- A menos que su compañía tenga una forma estándar de saludar y de finalizar las cartas, abandone esas prácticas, como se ha hecho en los estilos de cartas del sistema moderno simplificado (ver ejemplos en el apéndice N° 6). Con esto también se eliminan las dudas con respecto a la salutación o modo de terminar una carta.
- En el caso de los adjuntos, utilice Ad. o Adj. en lugar de escribir toda la palabra. La práctica más reciente es hacer una lista de los adjuntos en renglones subsiguientes y colocarlos a tres espacios de la izquierda, o comenzar la lista a dos espacios después de la palabra o abreviatura utilizada para adjunto. Nuevamente, yo utilizaría el procedimiento que sea más rápido. Veamos algunos ejemplos de los estilos habituales:

Adjs:
    Instrucciones para el caso N° 10
    Resumen de gastos abril, 1993
    Organigrama de la compañía

Adjs:
    Instrucciones para el caso N° 10
    Resumen de gastos abril, 1993
    Organigrama de la compañía

Yo prefiero todos en un solo renglón para ganar tiempo.

Adjs.:
    Instrucciones para el caso N° 10
    Resumen de gastos abril 1993
    Organigrama de la compañía

- Las abreviaturas de referencia y adjunto y las anotaciones referentes a copias pueden colocarse a un espacio, si se requiere ocupar más espacio para que la carta esté equilibrada.

- Si se está enviando una fotocopia de la carta, indique ese hecho en cualquiera de las siguientes formas: Copia, o CX (para copia Xerox), o cc (copia de cortesía que reemplaza la copia carbón), o FC (fotocopia). Deje dos espacios en blanco, horizontalmente, después de CX, Copia, cc o FC antes de anotar los nombres.
Por ejemplo, si está enviando una copia a José Campos, lo podría indicar de estas maneras:

CX José Campos
cc José Campos
FC José Campos

- Las cartas se pueden alargar o acortar con facilidad, mediante las siguientes combinaciones:

    (a) Levantar o bajar la fecha.
    (b) Dejar espacios extras, o menos espacios, entre la fecha y la dirección, o entre el renglón correspondiente a la última oración y el correspondiente a la firma.
    (c) El nombre del remitente y el título pueden colocarse en el mismo renglón o en dos renglones.
    (d) Los adjuntos, abreviaturas de referencia, las copias y las posdatas pueden colocarse a un solo espacio o a varios espacios, intercalados según cómo quiera equilibrar la carta.

- Para reducir los costos, utilice todas las medidas razonables para limitar la carta a una sola hoja, pero no apriete demasiado la información para lograrlo.
- Si la carta ocupa más de una hoja, para las demás se debe usar papel en

blanco de la misma calidad que la hoja con el membrete. Utilice los mismos márgenes que para la primera hoja. Haga las anotaciones en la parte de arriba de las hojas subsiguientes, de acuerdo con uno de los estilos siguientes:

(a) Estilo 1: (tres renglones para el encabezamiento comenzando en el séptimo renglón o a 2 1/2 cm de la parte de arriba de la hoja)

LJCO
Página 2
Diciembre 30, 1993

(b) Estilo 2: (todas las anotaciones en un renglón comenzando a 2 1/2 cm de la parte de arriba de la hoja)

LJCO. 2 de diciembre de 1993

Nota: Asegúrese de poner en la segunda página la misma fecha que en la primera, aunque las haya preparado en días diferentes.

• En el caso de memos internos, con el siguiente formato, que permite una comunicación rápida y fácil, no es necesario recordar "cinco, tres, tres." Ponga la fecha primero en cualquier lugar después de la palabra "memorandum" o del membrete. Utilice los renglones siguientes para el encabezamiento:

ESTILO RECOMENDADO

A:
DE:
RE:

Para encabezar un memo de acuerdo al estilo siguiente, con un margen de 2 1/2 cm desde el borde izquierdo de la hoja, la mecanógrafa debe hacer una sangría de seis espacios para el primer renglón, cinco para el segundo, dos para el tercero y tres antes de la palabra "tema."

ESTILO TRADICIONAL

A:
DE:
FECHA:
TEMA:

Nota: Los ejemplos de formatos para cartas y memos pueden verse en el apéndice N° 6.

COMO PROCESAR LOS INFORMES DE LA EMPRESA

Además de la correspondencia de rutina y los memorando entre oficinas, gran cantidad de información comercial es brindada mediante informes. Dichos informes pueden tomar la forma de documentos legales, informes financieros, información de la corporación para accionistas o manuales de procedimientos para empleados y para la compañía.

Aunque el contenido del informe es responsabilidad del que lo envía, la secretaria puede ganar tiempo y dinero, completando el informe, si junta y clasifica la información necesaria. La información que se requiere puede ser la confirmación de una fecha, de un título, o el nombre completo de un autor para la parte suplementaria del informe. (La secretaria legal está familiarizada con estas responsabilidades.) Por lo tanto es importante que la secretaria sepa qué y dónde buscar la información exacta. Las fuentes que puede consultar son los directorios financieros, profesionales y comerciales; publicaciones técnicas relacionadas con el informe; atlas; guías literarias; publicaciones del gobierno. Es posible que tenga que salir de la oficina para buscar datos en la biblioteca pública. Para que sean efectivos, los informes, al igual que las cartas y los memos, deben ser CLAROS, PRECISOS y BIEN ORGANIZADOS.

Mientras que los pasos necesarios para escribir informes son distintos según el jefe de que se trate, la secretaria sin duda participará en cada etapa del trabajo preliminar, que puede consistir en un primer borrador y varias ediciones, o un esbozo donde se enumeran ordenadamente los temas que se incluirán en el informe final. De una cosa puede estar segura, la secretaria participará de todos los lamentos, gruñidos, gritos y alaridos si el informe no está terminado a tiempo.

La mayoría de los informes contienen tres partes fundamentales: el material introductorio e ilustrativo, que consiste en la página con el título y el índice, gráficos, planillas, otras ilustraciones y posiblemente un resumen; la parte principal que consta de la introducción, el texto principal y las conclusiones y/o recomendaciones; y la información suplementaria que consiste en el apéndice, la bibliografía y el índice.

Se trate de un informe breve e informal o largo y complicado, mediante las funciones de paginación-repaginación y de encabezado y pie de página de su procesador, puede preparar con facilidad la versión definitiva. El programa para gráficos es de gran ayuda para preparar los gráficos y los cuadros. A continuación, les brindamos algunos consejos respecto de la manera de formatear otras partes del informe:

- *Informes breves e informales*: Estos se pueden escribir a un espacio o a doble espacio, de acuerdo con la preferencia del autor. Se comienza desde la parte de arriba de la hoja generalmente a 3 cm (nueve líneas) o a 5 cm (doce líneas). Para las páginas subsiguientes, comienze a 2 1/2 cm (seis líneas); su procesador le centrará los encabezamientos. Tradicionalmente, cuando se escribe un subtítulo, se deja un espacio extra antes y no después del mismo, pero esto también depende del espacio disponible, de la preferencia, y del aspecto general del documento. Los márgenes laterales e inferiores generalmente son de 1 1/2 cm pero pueden ser más anchos.

- *Informes formales*: Aunque normalmente las hojas van unidas al costado o arriba, algunas permanecen sin encuadernar. Los márgenes se determinan de acuerdo a como van encuadernadas. El texto en general está escrito a doble espacio con sangrías para los párrafos de cinco o diez espacios. Los subtítulos se colocan igual que en los informes de tipo informal. Los títulos de los párrafos, si es que se utilizan, tienen sangrías de cinco espacios (diez en el caso de un documento legal) y en general se subrayan o se ponen en negrita para que se destaquen.

- *Informes comerciales con documentación*: Para fundamentar los datos contenidos en el informe, a fin de darle más "fuerza", los escritores pueden adjuntar materiales de donde se citan o parafrasean datos. Para documentar los informes, se pueden utilizar pies de página que indican la fuente de la información u observaciones . Cuando se ponen pies de página que indican la fuente de la información, tales como periódicos, libros etc., se adopta el estilo formal. A menudo los pies de página aclaratorios se escriben de manera informal, como oraciones comunes. Los títulos principales y los márgenes para los informes con documentación se realizan de la misma manera que los informales no encuadernados. Consulte el manual del usuario para ver cómo se colocan los encabezamientos y los pies de página; de otro modo, se puede perder mucho tiempo contemplando una pantalla en blanco, o esperar al representante del servicio de procesamiento de textos que le diga "cómo hacerlo..." Veamos las pautas siguientes respecto a la forma en que se colocan los pies de página:

(a) El número del pie de página debe coincidir con el número en el texto. Para indicar que una parte del texto se refiere a un pie de página, consulte "Footers" (Pie de página) en su manual de software.

(b) Para los pies de página generalmente se sigue una secuencia numérica desde la primera hasta la última página del informe.

(c) Una línea divisoria, normalmente de 3 cm de largo separa el texto de los pies de página. Esta línea también se puede trazar desde el margen izquierdo hasta el derecho.

(d) Coloque a doble espacio, haga una sangría de cinco espacios, y tipee el número correspondiente al superíndice a un espacio de medio renglón por arriba de la línea que está escribiendo, en el caso de que esté utilizando una máquina de escribir. Los procesadores de textos tienen generalmente la función de superíndice. El superíndice es el número que aparece a un espacio de un renglón sobre el texto, y que corresponde al pie de página, que figurará al final de la página, y que indica la fuente bibliográfica.

(e) Escriba los pies de página a un espacio. Si hay más de un pie de página por hoja, póngalos a doble espacio entre sí.

(f) Los pie de página se escriben al final de la página, aunque solo se haya ocupado la mitad de la hoja.

(g) La información a que se refiere el pie de página incluye el autor, el título, la edición, el lugar donde fue publicado, el nombre del editor, la fecha de publicación y los números de las páginas para su consulta.

Los nuevos programas de procesamiento de textos formatean automáticamente un documento. Por lo tanto, muchos de los estándares tradicionales para formatear han sido modificados para que se adapten a los "defaults" (es decir, las funciones incorporadas en el software) de los programas utilizados. Para alcanzar las metas originales de los formatos estándar —velocidad y eficiencia— veamos cómo se modificaron los formatos tradicionales:

• El margen de 2 1/2 cm, que existe en casi todos los programas de procesadores de textos, se utiliza para cartas, memorandos e informes, sin tomar en cuenta el modo de encuadernar.

• El margen superior fijado, que es generalmente de 3 cm, sigue siendo el mismo, y el ajuste para levantar o bajar la copia se hace insertando el papel para dejar un poco más o un poco menos espacio de margen superior.

- En los informes que están escritos a doble espacio, en lugar de los tres espacios que se dejan tradicionalmente después de un título o un subtítulo, se pueden dejar dos o cuatro espacios accionando dos veces la tecla "return". Esto le evita tener que reajustar el ordenador cuando ya están puestos los comandos para escribir a doble espacio.
- La regla arriba descrita también se aplica al triple espacio estándar después de las líneas del encabezamiento del memo; use solamente un doble espacio y no accione por segunda vez la tecla "return".
- La capacidad del procesador para finalizar los renglones puede ser engañosa, en especial en el caso de las palabras largas, que son lanzadas al siguiente renglón, y/o al hacer intercalaciones y borraduras en el documento. Existen dos alternativas para limpiar el margen derecho irregular. Se puede volver a formatear una vez completado el documento y hechos todos los cambios, o utilizar la función de justificación. Algunos directivos prefieren el aspecto injustificado, ya que sienten que esto le da al documento una apariencia menos formal y más personal.
- En los informes financieros, y otros informes tabulados, al poner los títulos en la misma línea que la columna, se vuelve innecesario tener que tomarse tiempo para centrar los títulos sobre dichas columnas.

En las oficinas de hoy, una cualidad importante para una secretaria es la de poder adaptarse a los cambios.

COMO PREPARAR LOS INFORMES FINANCIEROS

A pesar de que es generalmente el departamento de contaduría el que prepara los informes financieros, de vez en cuando uno de éstos debe ser actualizado e intercalado en otro tipo de informe. La secretaria que está preparando el informe es, en general, responsable de esta etapa. Revise las copias de los informes financieros ya archivados antes de comenzar a escribir a máquina. Pida permiso para consultar los archivos, en caso de que no estén a su cargo. Los puntos siguientes deben ser tomados en cuenta:

- Cuando debe decidir si escribir el informe financiero a uno solo o a dos espacios, considere la extensión del informe en relación con todo el documento.
- Anote la ubicación de las comas, el alineamiento vertical de las columnas, el lugar donde van ubicados los signos $, y el subrayado con una línea, o con dos, debajo de las cifras; el procesador de textos le alineará todos estos datos automáticamente.
- Utilice títulos descriptivos para introducir grupos de cuentas similares. La primera letra de la primera palabra en los títulos introductorios se escribe con mayúscula.
- Se recomienda utilizar señales horizontales para guiar el ojo del lector desde la columna explicativa hasta la columna de las cifras.

82

Ejemplo:
Cuenta - julio ....$ 789,90
Cuenta - septiembre 664,00
Cuenta - octubre 12,09

- La coherencia es un aspecto importante del estilo utilizado para preparar un informe financiero.
- Lo más importante a recordar es que busque a otra persona para que le ayude a controlar cuidadosamente los números incluidos en la primera planilla impresa. Incluya en el documento el nombre de la persona responsable de la preparación del informe financiero original.

PAGINAS MODELO PARA EL CENTRO DE PROCESAMIENTO DE TEXTOS

La página modelo, utilizada en la industria editorial, tiene muchas aplicaciones para el centro de procesadores de textos. El trabajo puede hacerse más rápidamente si el procesador no tiene que detenerse continuamente para averiguar rasgos específicos, tales como la manera en que se pone un guión en una palabra en particular, o si el nombre de la compañía debería ponerse en negrita. Con la hoja modelo, se establece el criterio ortográfico que se utilizará, la separación y unión de palabras con guiones, el empleo de letras mayúsculas, abreviaturas, etc. en aquellos casos en que existen formas alternativas que se pueden utilizar o en que la política de la compañía fija un formato determinado.

El editor, en una editorial, fija una hoja modelo para cada manuscrito que se está preparando para ser publicado. El o ella ingresan las palabras, el modo de empleo de letras mayúsculas, el formato de los pies de página, las abreviaturas, etc. Cuando está terminado, el texto editado es utilizado por todos los que trabajan en la preparación de ese manuscrito en especial: el autor, el redactor y el corrector de estilo.

La secretaria que se encuentra elaborando una página modelo para uso en el centro de procesadores de textos descubrirá que ciertas decisiones, una vez tomadas, pueden utilizarse para siempre sin disputas repetidas e interrupciones en el trabajo.

Una página preparada y utilizada de manera apropiada, sirve como modelo estándar para la preparación de documentos.

- Abreviaturas: Enumere las palabras que se pueden abreviar; si existen alternativas, enumere las abreviaturas que su compañía quiere que se utilicen en todos los documentos. Por ejemplo:

Enero = Ene. (o) En.
Cuenta = Cta. (o) C.

- Siglas: Enumere las que se usan con regularidad, e indique en qué condiciones debe deletrearse la sigla.
- Agradecimientos: Indique el formato de cualquier agradecimiento y en qué lugar de la página del documento aparece.
- Direcciones: Las direcciones tienen muchas formas, dependiendo de dónde van ubicadas: en los encabezamientos, en los sobres, en el medio del texto. En una hoja modelo se indica el formato preferido por su compañía en cada caso.
- Bibliografías y listas de referencias: En especial en los artículos técnicos, se incluyen en gran medida las biblio-

83

grafías, y para esto se debe utilizar un formato uniforme.

- En algunas compañías se requiere que todo el nombre de la misma y de los presidentes y directivos se ponga en mayúsculas. Si esto se indica en la hoja modelo, un operador nuevo lo hará bien la primera vez que utiliza el procesador.
- Itálica y negrita: Indique bajo que circunstancias deben utilizarse estos dos tipos de caracteres. Es posible que en su compañía tengan preferencias por uno u otro tipo.
- Doble escritura: Muchas palabras se pueden escribir de dos maneras. Decida cómo se hará en su oficina y enumere todas estas preferencias en la hoja de estilo. Por ejemplo, ¿utilizará "psicólogo" o "sicólogo"; "septiembre" o "setiembre"? Incluya en esta sección los términos técnicos que pueden no aparecer en un diccionario común, y que, por lo tanto, a la secretaria le será difícil poder constatarlos.

Una hoja modelo no debe constituir algo estático. Se debería actualizar cada tanto. Una copia de las actualizaciones más recientes debería incluirse en el manual de procedimientos del centro de procesadores de textos, y los empleados deberían estar enterados lo más prontamente posible.

Con una página modelo bien preparada, el procesador puede ahorrarse muchas horas de indecisión.

UNA BUENA CORRECCION DE PRUEBAS AYUDA A AUMENTAR LA PRODUCTIVIDAD

Una buena corrección de pruebas es muy importante hoy en día, ya que son tan numerosos los textos que se deben corregir en las pantallas o en las impresiones de los ordenadores.

Aprenda los símbolos básicos utilizados por los correctores profesionales (Apéndice Nº 8). Estos símbolos son indispensables si debe enviar el trabajo fuera de la compañía para componer e imprimir; también la aplicación de los signos del corrector en el trabajo que va y viene de un centro de procesadores de textos, es invalorable como modelo estándar, para mostrar cuáles son las correcciones que se deben introducir.

Si debe enviar un texto afuera para componer, tenga en cuenta que si el estilo no está bien corregido, podría costarle caro. Un tipógrafo compone la copia tal cual la recibió, con las verrugas y todo. Cuando se devuelve como prueba de galera o prueba de página, cualquier cambio que haya que hacer será analizado para ver si el error es del tipógrafo o de la imprenta, o si es una modificación hecha por el autor o el editor. Si el error es del tipógrafo, entonces él se hará cargo del coste de corregirlo. Pero si usted no percibió el error, o introduce modificaciones cuando la copia ya se compuso, entonces el coste será facturado a su compañía.

Todas las versiones finales deben ser controladas en los más mínimos detalles para verificar la exactitud, la disposición y la pulcritud. Su palabra escrita la representa a usted y a la compañía, y el contenido debe ser de la mejor calidad y aspecto. Tome en cuenta las siguientes técnicas de corrección de estilo:

- Corrija el material técnico por lo menos dos veces. Baje lentamente el documento en la pantalla línea por línea cuando realiza la primera lectura.

- Lea todo el material una vez para verificar el contenido; después lea de derecha a izquierda o de abajo hacia arriba para controlar si hay errores de ortografía o de tipografía.
- Si debe corregir de una carta preimpresa, lea cuidadosamente la primera carta impresa; a continuación, solamente revise las variaciones que tengan las demás cartas.
- En caso de ser posible, utilice el método de trabajar de a dos. Le conviene hacer lo siguiente:

  (a) Una persona lee el original, el otro lee la pantalla. Indique los signos de puntuación, la ortografía, la división en párrafos, el formato y las comas decimales.
  (b) Lea los números cifra por cifra.
  (c) Lea todas las columnas HACIA ABAJO. Lea y controle los números de la primera columna, luego de la segunda columna, etc., hasta que se hayan controlado individualmente todas las columnas.
  (d) Verifique todas las extensiones y los totales.

A pesar de lo cuidadosos que seamos, y de la precisión con que manejemos el teclado, algunos errores logran escaparse de nuestra vista. Veamos a continuación los errores más comunes (aparte de los de ortografía):

- Palabras como "si", "es", "lo" o "la", "en", etc. se omiten a veces cuando la palabra precedente termina, y la siguiente comienza, con una sílaba igual o similar.

Ejemplo:
(versión errónea) El serio con respecto a su trabajo.
(corregida) El es serio con respecto a su trabajo.

- Tenga un cuidado especial cuando llega al final de la pantalla. Muchos errores no se perciben aquí porque tiene la vista cansada o forzada.
- A menudo, las palabras similares son pasadas por alto, tales como afecto/efecto, quiso/queso.
- A veces, la confusión entre sufijos hace caer en errores, tales como tipea/tipeó o forma/formar.
- Es habitual omitir palabras al principio o al final de un renglón, porque las posibilidades de leerlas de manera superficial son mayores.
- Controle la manera en que están escritos los nombres propios, tales como los de ciudades de los que no está muy segura.
- Es habitual en la corrección, confundir la secuencia de los números o letras. Ejemplo: A, B, C, E ú 11, 12, 13, 15.

Los errores que son captados a tiempo por la secretaria observadora, permiten que el documento se termine más rápido, que se gane tiempo y se elimine el excesivo gasto de papel.

8 Y LA PALABRA FUE DICHA

El discurso pertenece, en parte, al orador, y en parte, al que escucha.

Montaigne

LA SECRETARIA HABLA

La clave para el éxito es llevarse bien con los demás mientras maneja la oficina como una comunidad y como una unidad de producción. El hecho de "llevarse bien" con los demás —dentro y afuera de la compañía— se basa en la habilidad para comunicarse eficazmente. Las secretarias reciben y dan información continuamente. Hacer las reservas de avión, planificar y coordinar una reunión, convencer a un compañero de trabajo para que acepte una responsabilidad, o hacer que un cliente se sienta cómodo, para todas estas actividades se requiere habilidad para comunicarse.

UNA CONVERSADORA EFICAZ

Para ser una comunicadora eficaz, usted deberá hacer un esfuerzo. Llegar a ser un buen comunicador es más difícil para algunos que para otros, pero se puede llegar a dominar esta aptitud, y desarrollar un estilo propio. Veamos algunos consejos respecto al modo en que puede conversar más fácilmente con sus relaciones de trabajo y conocidos:

- No hable demasiado rápido. Intente hablar más lentamente haciendo frecuentes pausas. Si habla con tranquilidad y pronuncia las palabras claramente, será más fácil para los que la escuchan.
- No monopolice la conversación. Dígalo en pocas palabras. Toque los puntos sobresalientes y omita los detalles menos importantes.
- Evite entrar en disputas. No dé continuamente su opinión en contra de cualquier punto de vista expresado por otro. Una respuesta dulce es a menudo más eficaz que una refutación.
- Trate de que casi todas sus afirmaciones sean positivas. Mientras conversa, evite tocar temas desagradables, criticar a otros, ser pesimista, etc.
- Al hablar, trate de no ser competitiva. Usted no está luchando para ganar o perder una disputa, sino participando amistosamente en una situación de toma y daca.
- Mantenga una actitud tolerante y neutral. Un buen conversador evita hablar de forma autoritaria y sermonear.
- Aplique la regla de oro de las conversaciones: "Hable con los demás como quisiera que hablaran con usted".

TECNICAS PARA PRESENTACIONES ORALES

Gran cantidad de directivos laboriosos se apoyan cada vez más en las secretarias competentes y bien informadas, para que se hagan cargo, cuando ellos están ausentes, de las presentaciones orales, ya sea en un ambiente informal, como la oficina o sala de conferencias, o en un ambiente más estructurado como el salón de actos. Con cierta frecuencia, se les solicita a las secretarias que hablen durante sesiones de entrenamiento para nuevos empleados, o durante presentaciones, destinadas a que los miembros del personal se familiaricen con nuevos equipos o procedimientos. Si usted se encuentra en esta situación halagüeña, y no está acostumbrada a hablar en público, no entre en pánico. Disfrute del prestigio de que la inviten a hacerlo, y comience a prepararse con mucho cuidado, como haría frente a cualquier otra tarea. Probablemente le avisarán con suficiente antelación, dándole tiempo para preparar un excelente discurso. En caso de que usted sea una neófita, los siguientes pasos preparatorios le serán de utilidad:

PREPARACION

- Conozca el tema a tratar. Si tiene la posibilidad de elegir, elija un tema que le es conocido y del cual le resulta cómodo hablar. Si le asignan un tema, averigüe todo lo que pueda sobre el mismo. Busque toda la información que le pueda ser de utilidad en revistas comerciales, libros de consulta y otras fuentes.
- Conozca a su público. No existe nada peor que hablar al público con una actitud de menosprecio o de temor. Igualmente, no emplee gran cantidad de términos técnicos, sin explicar el significado de los mismos.
- Esboce su discurso siguiendo una secuencia metódica. Tome nota de cada punto en una tarjeta de 4,50 x 7,50 cm. Si decide reordenar la secuencia de los puntos, puede cambiar las tarjetas fácilmente de lugar.
- En el caso de que se trate de un discurso mecanografiado, utilice márgenes amplios (de tres a cuatro cm) para que su vista pueda leer el texto sin tener que mover la cabeza; escriba el discurso a doble espacio y deje dos dobles espacios entre los párrafos. Muchos oradores prefieren escribir sus discursos en tarjetas, ya que éstas son más fáciles de manejar.

Nota: Si debe imprimir y distribuir el discurso, siga las mismas pautas que para la preparación de informes comerciales, y utilice papel estándar.

PROCEDIMIENTO

- Elija un método de exposición que se adapte al contenido. Si utiliza apoyos visuales, tales como diapositivas, cuadros o folletos, prepárelos con tiempo suficiente para poder ensayar.
- Ejercítese, ejercítese, ejercítese. Su presentación tendrá éxito si usted tiene confianza en sí misma y conoce a fondo el material que presenta.
- Si utilizará un micrófono por primera vez en su vida, ensaye con el mismo aunque sea una vez.
- Si tiene un grabador, grabe su sesión de ejercitación y escúchela. Se sorprenderá de los cambios que es posible introducir para mejorar su presentación final.
- Duerma bien la noche anterior. Tóme-

se tiempo para revisar sus notas antes de dar el discurso.

- Llegue a la sala de reuniones con tiempo suficiente para controlar todos los detalles: luces, apoyos visuales, etc. Si usted es la responsable de preparar el escenario, de ser posible, hágalo el día anterior.
- Tenga confianza en sí misma. Repítase continuamente que hizo un buen trabajo de preparación y que su presentación será excelente.
- Mientras sigue con su exposición, establezca una relación con su público. Hable directamente hacia ellos, mirándolos frecuentemente a los ojos, sonriendo y escuchando sus comentarios para ligarlos con su discurso. Adáptese a los estados de ánimo de su público. No demorará en saber dónde está situada con respecto a la audiencia.
- Trate de no irse por las ramas o hacer una digresión. Si se aleja del tema principal, corre el riesgo de perder el interés del público.
- Prepárese para emergencias. Una secretaria, que tenía que dar una presentación durante un lunch en la Cámara de Comercio, despertó con laringitis. Debía reemplazar a su jefe, que había tenido que salir de la ciudad repentinamente. Afortunadamente, había preparado folletos en los que se incluía la mayor parte del discurso. Con una voz apenas audible, se levantó y explicó el problema, distribuyó la información y dio partes de la presentación según lo había planeado. El público fue tan compasivo, respetuoso y tranquilo, que se olvidó de su problema y siguió hablando en voz baja. Al finalizar, todos se pusieron de pie para aplaudirla.

Cuando termine el discurso, relájese y disfrute de los aplausos.

MEDIOS VISUALES: LO QUE SE DEBE Y LO QUE NO SE DEBE HACER

Si debe incluir medios visuales en su presentación, vea a continuación algunos consejos para su utilización.

- Ensaye con los medios visuales antes de la presentación. No hacerlo es querer provocar un desastre.
- Asegúrese de que todos los presentes puedan observar claramente las imágenes. Muchas presentaciones se arruinan debido a gráficos velados, pálidos o manchados.
- No siga con su discurso hasta que el público haya podido apreciar el medio visual.
- Háblele al público. No recibirá ninguna respuesta de parte del medio visual que figura en la pantalla.
- Ponga solamente un tema o idea en cada transparente.
- Es conveniente emplear letras grandes. Si fuera posible, utilice color.
- No muestre la diapositiva, el transparente, ni dé vuelta rápidamente al cuadro, antes de estar preparada para referirse a los mismos. De proceder así, lo que diga no tendrá impacto y perderá la atención del público.
- Sírvase de una combinación de medios visuales; cualquiera de los anteriormente mencionados, un producto, un modelo... sea creativa.

Las investigaciones demuestran que los medios visuales constituyen un refuerzo del material de exposición y que la retención del público se incrementa en un 50%, en comparación con solamente un

89

10% cuando el material se presenta solamente a través de la comunicación verbal.

EL TELEFONO: UNA IMPORTANTE HERRAMIENTA DE TRABAJO

En 1876, Alexander Graham Bell transmitió la primera oración a través de ondas eléctricas y preparó el escenario para la aparición del teléfono. Hoy en día, si le preguntara a los directivos cuáles son las aptitudes más importantes que debe tener un empleado de oficina, seguramente muchos considerarían que una de las principales es el manejo adecuado del medio comunicacional del Sr. Bell. Al ser un aparato mediante el cual se hacen negocios para la compañía, el empleo del mismo es un arte que se debe llegar a dominar.

Una sección referida al manejo adecuado del teléfono debería estar incluida en el manual de procedimientos de la compañía. Este también es un buen lugar para mencionar que las llamadas personales deben reducirse al mínimo.

LA PERSONALIDAD TELEFONICA: COMO CREARLA

Aun cuando casi todos nosotros consideramos el teléfono como algo que siempre está a nuestra disposición (y muchas veces desearíamos que no existiera en la oficina), ya hace mucho tiempo que la secretaria profesional ha descubierto que el hecho de atender el teléfono con amabilidad es sumamente importante.

Enumeramos a continuación tácticas para atender el teléfono que son aplicables en casi todas las empresas.

- Cuando reciba una llamada, haga dos cosas de inmediato: atienda prestamente y tome un bolígrafo o un lápiz y prepárese para escribir.

- Identifíquese e identifique a la compañía o departamento. Por ejemplo, puede contestar: "Departamento de Redacción, habla la Sra. Martínez", u "Oficina del Sr. Iriarte, habla Verónica Lagos".

- Hable con claridad y con amabilidad. Descubrirá que una voz amable agrada a los interlocutores, y que volverán a comunicarse con la compañía.

- Cuando su jefe le solicite que llame a una persona, ponga a dicha persona en la línea antes de pasar la llamada a su jefe. Deje que la persona a la que está llamando espere, y no haga esperar a su jefe.

- Si debe dejar el teléfono para buscar información, debe explicar al interlocutor cuál será el período de espera. Infórmele cuánto tendrá que quedarse en la línea esperando, y ofrézca llamarlo más tarde para darle la información, pero no olvide cumplir con su promesa. Trate de evitar las largas esperas: usted está ocupando dos líneas telefónicas comerciales.

- Seleccione las llamadas con discreción:
  (a) Averigüe quién es el que llama.
  (b) Si su jefe le dio instrucciones de preguntar el motivo de todas las llamadas, hágalo.
  (c) A menudo, otra persona puede atender al que llama por teléfono. En algunos casos, podría responder lo siguiente "El Sr. Pérez está ocupado (o ha salido) en este momento, pero el Sr. Núñez podría ayudarlo".

- Si las preguntas se formulan con amabilidad, es más que seguro que le respondan de la misma forma.

90

- No se deje amedrentar si intentan presionarla. Cualquiera que tenga un asunto importante para tratar con su jefe, podrá decirle el motivo de la llamada.

- Casi todas las secretarias conocen los nombres de las personas a quienes el jefe siempre quiere atender. Inclusive, en muchos casos los reconocerá por la voz. Si fuera así, pase la llamada inmediatamente sin averiguar el motivo de la misma.

- Por sobre todas las cosas, no se entusiasme ni se vuelva demasiado protectora. Usted aprenderá a diferenciar cuándo una llamada es urgente y debe pasarla inmediatamente a su jefe.

- Sepa dónde se encuentra su jefe (y las otras personas que atienden las llamadas). Si no está en la ciudad, asegúrese de saber la fecha de regreso o dónde se lo puede contactar.

- Demuestre buena voluntad para tomar los mensajes. Asegúrese de anotar el nombre de la persona que llamó, su número de teléfono, hora, y si desea que le devuelvan la llamada. Antes de cortar, repita la información para estar segura de que es exacta.

- Si la llamada es de larga distancia, ante todo, asegúrese de conseguir el prefijo de zona telefónica; podría suceder que no lo tenga registrado.

- Comunique prestamente todos los mensajes.

- Cuando pase llamadas, comuníquese con la operadora len-ta-men-te. Transfiera solamente cuando sepa que tiene a la persona o a la extensión correcta.

- Cuando efectúe una llamada, tenga la seguridad de que tiene el número correcto. Si hace llamadas equivocadas, puede ser molesto y una pérdida de tiempo. Si tiene dudas, consulte el número de teléfono. Para eso existen los directorios.

- Una vez que haya llamado, debe darle tiempo a la otra persona para que conteste. Es preferible esperar, que cortar y tener que llamar nuevamente.

- Pregunte si la pueden atender. Si la persona a quien llamó está ocupada, dígale que se comunicará en otro momento, cuando se encuentre libre.

- No eleve el tono de voz. Al gritar, se le distorsiona la voz. Además, un tono muy alto suena áspero y desagradable.

- Escuche con atención. La persona con la cual está hablando le agradecerá que lo haga. En una plática cara a cara, usted no interrumpiría; la misma regla se aplica a las conversaciones telefónicas.

- Mencione con frecuencia el nombre de la persona que lo llamó por teléfono. No existe una melodía más dulce para el/la interlocutor/a que el sonido de su propio nombre.

- Ordene sus pensamientos antes de llamar. Si tiene preguntas para hacer, haga una lista para no olvidarse de plantearlas. Trate de concluir el asunto, o sea, conseguir la información o dejar el mensaje, mediante una sola llamada.

- Pida perdón por los errores. ¿Cuando llama a un lugar equivocado, cuelga el receptor, o se disculpa por la equivocación?

- ¿Quién debe dar por finalizada la llamada? Generalmente, la persona que origina la comunicación es la que debe terminarla.

- Corte la comunicación con suavidad.

Golpear el receptor con estrépito es tan desagradable y descortés como cerrar una puerta de un golpe.

Recuerde que usted es una embajadora de buena voluntad para su compañía, inclusive cuando está usando el teléfono. Consiga que las personas que la llamen estén siempre SONRIENTES.

LA SECRETARIA DICTA

Dictarle a un micrófono de grabadora puede ser una situación tan desconcertante como dar un discurso cuando no se tiene experiencia. Es igualmente importante pronunciar claramente las palabras como dominar buenas técnicas de oratoria. Tradicionalmente, la experiencia de la secretaria con la grabadora estaba relacionada con la etapa del proceso que consiste en escuchar y desgrabar. Sin embargo, con el veloz desarrollo del rol de la secretaria, aquellas que actúan como jefas de la oficina pueden aprovechar los equipos de dictado en las siguientes formas:

- Dictar instrucciones.
- Incluir los detalles del trabajo y los requerimientos para los seguimientos.
- Dictar itinerarios de viajes, e importantes medidas a tomar para organizar reuniones.
- Hacer una lista de los trabajos programados y las tareas para las que se requiere entrar en acción.
- Indicar el material que debe ser transcripto en el centro de procesadores de texto.

Una de las principales ventajas que tienen los equipos de dictado es que se pueden emplear en los ratos libres (fuera del horario de oficina o incluso cuando el que dicta está en su casa). El uso de dichos equipos es un arte, que debe ser ensayado, igual que otras aptitudes que son valiosas para el trabajo. Veamos algunos consejos que le serán de utilidad si es nueva en el manejo del arte del dictado:

- Cuando se prepara para dictar, planifique cuidadosamente lo que quiere decir. Organice por anticipado tanto el material como sus pensamientos. Prenda con un sujetapapeles los datos pertinentes —correspondencia anterior, informes etc.— a cada uno de los ítem que va a dictar. Junte los ítem similares en una carpeta titulada "para dictado".
- No se apure al dictar material técnico, interponiendo trabalenguas mientras dicta. Recuerde: la persona que transcribe quizá no tenga tanta preparación.
- Mientras dicta, deletree los términos difíciles y los términos técnicos.
- No divague.
- Sugiera el modo de empleo de los signos de puntuación, la división en párrafos, y el empleo de las mayúsculas, a fin de lograr una transcripción correcta la primera vez.
- Explique los cambios, las supresiones y las intercalaciones efectuadas en el momento en que está dictando.
- Hable con claridad y nitidez. Pronuncie los nombres, los términos técnicos y los números con mucho cuidado. Estos son los ítem que con mayor frecuencia se transcriben de manera errónea.
- Cuando comienza a dictar un ítem, póngale un título, ya sea que se trate de una carta, memo o informe. Quien transcribe comprenderá entonces cuál

es el formato que deberá tener el borrador final.

- Si es que la tienen, establezca las prioridades de los ítem que está dictando.
- Cuando termine, escuche su voz. Si sinceramente le es imposible interpretar sus propias instrucciones sin plantear preguntas, rebobine la cinta y comience nuevamente. Esto le ahorrará interrupciones más tarde, cuando esté ocupada con otros trabajos.

La palabra hablada, y si es hablada correctamente, SERA ESCUCHADA.

Parte IV

La secretaria
maneja personas

9 EL MUNDO EXTERNO

¿Qué clase de gente creen ellos que somos?

Winston Churchill

LA SECRETARIA: UNA EMBAJADORA DE BUENA VOLUNTAD

Si piensa que la secretaria debe tratar con muchas personas de afuera de la oficina, estará de acuerdo con la idea de que una persona en esta posición ejerce bastante autoridad. En general, la secretaria es responsable de ocuparse de los visitantes, seleccionar las llamadas telefónicas, tratar con los medios, y a menudo recibir a vendedores para la compañía. El hecho de representar a la compañía ante el mundo externo la ubica realmente en el rol de una embajadora de buena voluntad.

COMO RECIBE LA SECRETARIA AL VISITANTE EN LA OFICINA

Las primeras impresiones —ya sean verdaderas o falsas— tiñen nuestras opiniones durante largo tiempo. Por este motivo, la secretaria, que es la saludadora oficial de la compañía, debe darle a cada visitante una presentación cordial pero eficiente de la misma. Veamos a continuación algunos consejos útiles para causar una buena impresión en los visitantes:

- El visitante que tiene una cita generalmente va directo a su oficina. Sin embargo, los visitantes que acuden por primera vez, aunque tengan una cita, agradecerán la cortesía que usted les demuestre esperándolos en la recepción. Esto es particularmente cierto en el caso de oficinas en las grandes corporaciones, en las que los que llegan por primera vez, no saben cómo llegar hasta su oficina.
- Si el visitante no le entrega una tarjeta personal, debe solicitarla. Le será de utilidad más adelante para presentaciones y para su archivo. Entregue la tarjeta a su jefe cuando le presenta al visitante, o déjela sobre el escritorio del primero donde la pueda ver si le falla la memoria.
- En algunas oficinas se sirve café a los visitantes. Si le resulta conveniente, ofrézcale un café, en especial si sabe que el período de espera será largo.
- Si su jefe no está cuando un visitante llega a la cita, transmítale sus disculpas con discreción y sencillez. Plantee una vaga excusa por la ausencia de su jefe. Decirle "Lo llamaron inesperadamente" es suficiente. Si el visitante decide no esperar, pregúntele si usted o alguna otra persona pueden atenderlo. Si el ofrecimiento es rechazado,

concerte otra cita en un horario que le convenga al visitante.

Ser una anfitriona amable es fácil si recuerda que cada visitante es un huésped en su territorio y usted es la embajadora de buena voluntad.

CUANDO SE ATRASAN LAS CITAS. VISITAS DE PARED A PARED

Algunas secretarias tienen que distribuir papeles; otras tienen que distribuir gente. Hacer que las personas entren o salgan de su oficina puede ser difícil de manejar, especialmente si se encuentra en una oficina a la que acuden gran cantidad de personas.

Los directivos deben asistir a menudo a reuniones y conferencias fuera de la oficina y se demoran a causa del tráfico. A veces las reuniones dentro de la oficina se prolongan más de lo programado. Esto hace que se atrasen las demás citas, por lo que los visitantes deben esperar en la oficina, a veces hasta el punto de que hay personas sentadas de pared a pared. Hay varias medidas que la secretaria puede tomar para hacer más agradable el período de espera:

- Piense bien cuando organiza los horarios de las citas. Intente no fijar citas una después de otra; así su jefe tendrá un poco de tiempo libre para ocuparse de otras tareas sin que lo interrumpan los visitantes.
- Llegue a un acuerdo con su jefe respecto de la manera de tratar a las personas que lo van a ver. Usted debería saber:

  (a) Cuáles son las personas para las que su jefe siempre está disponible.

  (b) Las personas que su jefe quiere ver si su agenda se lo permite.

  (c) Las personas que su jefe desea sean atendidas por usted u otra persona en la oficina.

  (d) Una señal acordada de antemano para cuando los visitantes se quedan demasiado tiempo. Algunos jefes prefieren que sus secretarias les avisen por el intercomunicador la llegada de la siguiente visita, o que entren en la oficina para anunciar a la misma.

- Ayude a su jefe a prepararse para sus citas. Para ganar tiempo, asegúrese de recolectar de antemano la información necesaria para cada cita.
- Trate de enterarse por todos los medios de la hora aproximada en que terminan las reuniones y las conferencias. Permita que su jefe tenga un poco de tiempo para regresar a su oficina antes de concertar la siguiente cita.
- Envíe un mensaje antes de que termine la reunión o la conferencia, para recordarle a su jefe la siguiente cita.
- Por sobre todas las cosas, trate de mantenerse ALEGRE. Su buen humor puede levantarle el ánimo a un visitante infeliz.
- Avise a los visitantes que es posible que su jefe no pueda cumplir con la hora exacta del compromiso. Cuando coordine las citas, asegúrese de decirle a la persona que su jefe tiene frecuentes reuniones fuera de la oficina y que puede producirse una demora.
- Si el visitante es de la ciudad, le puede sugerir que la llame antes de salir de su oficina, para verificar si su jefe se encuentra en la compañía.
- Si el visitante viene desde otra ciu-

dad, y tiene que efectuar otras visitas en las cercanías de su oficina, sugiérale que la llame antes de venir. Si surge algún problema, el visitante puede cumplir primero con otra cita.

- Si la espera ha sido muy prolongada, pregunte al visitante si hay alguna otra persona en la empresa que lo pueda atender.
- Algunas secretarias sugieren, en el caso de un visitante que llega por primera vez, llevarlo a hacer un paseo por la empresa, a fin de pasar el tiempo más agradablemente. Otra alternativa es ofrecerle una taza de café y algo para leer.
- No ignore al visitante; téngalo al corriente de la hora en que espera la llegada de su jefe.
- Ofrézcale un lugar para trabajar o inclusive un teléfono. Es posible que le agrade aprovechar ese intervalo de tiempo.
- A algunos visitantes les agrada entablar una conversación. En ese caso, hable con el visitante aunque tenga que dejar durante algunos minutos lo que está haciendo. A veces una charla intrascendente ayuda a reducir la ansiedad.
- Tenga una actitud reservada y no pierda su aplomo. El modo en que son tratados los clientes mientras esperan puede tener mucha influencia sobre el resultado de la reunión. Conozco el caso de una secretaria que, según el jefe, es tan simpática, seductora y agradable con los visitantes, que él se asegura de que los clientes que son "difíciles de manejar", esperen en la recepción con la secretaria. Ella logra indefectiblemente que se pongan de buen ánimo antes de ser escoltados a la oficina del jefe: éste es

un verdadero testimonio de una secretaria con mucho aplomo.

- Todos sufren alguna demora en ocasiones, pero cuando los atrasos se vuelven habituales, podría ser útil insinuarle al jefe algo al respecto. El quizá no tenga conciencia de lo serio del problema o simplemente necesita un pequeño empujón para llegar a tiempo a sus compromisos.

VINCULACION DE LAS RELACIONES PUBLICAS CON LA OFICINA

Las relaciones públicas (RRPP), bien entendidas, ayudan a construir la imagen de cualquier empresa. Actualmente, los directivos de las corporaciones están participando cada vez más en actividades comunitarias, educacionales y sociales, en calidad de financistas y consultores. Como resultado de esto, las secretarias también tienen mayor participación en el área de relaciones públicas. Posiblemente tengan que tratar con los medios, que no siempre es una tarea fácil. Es conveniente establecer una buena relación con los redactores de los diarios locales, con los canales de TV y las estaciones de radio, y con los miembros de organizaciones tales como la Cámara de Comercio, oficinas comerciales, y otras organizaciones comerciales y profesionales.

Una tarjeta de visita con su nombre y título es una manera simple de presentarse, y ayuda a darle un carácter más oficial a su presentación ante el medio.

Si es la primera vez que tiene que tratar con los medios, veamos las siguientes pautas a seguir:

- Nombre a UNA sola persona de su organización como enlace con los noticieros. Dos o más empleados llamando a un mismo sitio pueden ser causa de conflicto o confusión.

- Establezca rápidamente un contacto con la persona apropiada de cada periódico, emisora de radio o canal de televisión de su área (es decir, reportero, jefe de redacción, director de programación). Aprenda a conocer el estilo de cada uno y qué esperan, a fin de estar preparada para comunicarse con ellos, en cualquier momento.
- Tome nota de todo. Ejercite su memoria, pero no confíe en ella. Cuando toma nota de las directivas, los mensajes telefónicos, u otras actividades de la oficina, es casi lo mismo que preparar la lista para ir al almacén. Aunque haya preparado muchas veces una receta, si se olvidó de incluir las anchoas en la lista, a la ensalada César le faltará un ingrediente importante.
- Aténgase a los horarios establecidos. Los medios no esperan.
- Tipee los comunicados de prensa utilizando el formato estándar. (Ver Apéndice Nº 6.)
- Asegúrese de que sus presentaciones sean precisas. Antes de entregar la información, verifique las fechas, los nombres (el modo de deletrearlos), los lugares y las horas, más de una vez.
- Sea breve, clara y concisa. El espacio en los medios gráficos o audiovisuales es costoso.
- Sea sincera e imparcial. Sea justa con los que lo merecen. Si el comunicado de prensa que está preparando se refiere a los logros de varios de los integrantes del equipo, reconozca los méritos de todos. No destaque las cuali-

dades de una persona, solamente porque esa persona sea su jefe.

- Si cree tener una idea de interés periodístico, no tema sugerir algo nuevo ya sea a su jefe o al departamento de publicidad. Casi todas las personas de los medios agradecen el aporte de ideas originales.
- Así como en su trato con la demás gente, actúe con sentido de la ética. Nunca intente obtener publicidad por medio de presiones de amistades o relaciones de negocio.
- Muestre su agradecimiento por los espacios y minutos en el aire que se le otorgan a su organización. Una nota de agradecimiento o una llamada telefónica al representante del medio, responsable de publicar su comunicado de prensa, le hará más fácil conseguir un espacio la próxima vez.
- Condúzcase de manera profesional. Los miembros de la prensa son siempre sus invitados. Nunca les haga pagar los billetes o la admisión a una función. Disponga una gran "mesa para la prensa" en el caso de eventos importantes.

PROCEDIMIENTO PARA PREPARAR COMUNICADOS DE PRENSA

Si nunca preparó un comunicado de prensa, debe familiarizarse con el siguiente formato estándar preferido por los medios:

- Los comunicados de prensa deben estar tipeados o impresos, a doble espacio, en papel de 21 x 27 cm. Los márgenes de 5 cm otorgan un espacio al editor para que pueda anotar sus observaciones.
- Utilice papel con membrete de la

compañía u organización, y asegúrese de poner la fecha arriba. Después de la fecha, haga algunos espacios en sentido vertical y tipee en la parte central "Contacto". Ponga el nombre de la persona, y un número de teléfono. Generalmente la persona nombrada es la que mejor puede responder las preguntas que le planteen los medios.

- Tipee PARA EMISION INMEDIATA, ya sea en el margen izquierdo, o centrado, unos renglones más abajo del contacto y del número telefónico. ¿Debería poner un encabezamiento? Ya que la mayor parte de los editores ponen ellos mismos el encabezamiento, quizá no haga falta colocarlo en un comunicado de prensa; sin embargo, especifique el tema al comienzo de dicho documento.
- Evite el uso de jerga, vocabulario especial de la compañía y lenguaje técnico. Utilice palabras fáciles de entender.
- Utilice palabras breves, oraciones breves.
- Divida en párrafos, ponga signos de puntuación y deletree correctamente. Evite el uso de abreviaturas, adjetivos y palabrerío. De todas formas, es probable que le recorten el comunicado.
- Tenga la fecha de emisión in mente para que las palabras "hoy" y "ayer" estén adecuadamente utilizadas en el artículo.
- Si el comunicado tiene más de una página, termine cada hoja en el lugar donde termina un párrafo y escriba "continúa" más abajo. Las hojas se separan a menudo y se entregan a distintos tipógrafos.
- Al final del documento ponga "fin," o ### (tres símbolos numéricos), o el

número "30". Cada uno le señala al redactor que la información ha finalizado.

- Tómese un período de tiempo suficiente para que el comunicado llegue al medio para la fecha de emisión. El mejor modo de garantizar esto es entregándolo por mano.
- Envíe comunicados de prensa a todos los diarios de la ciudad, y a la mayor cantidad de reporteros y redactores de esos diarios, siempre que el contenido del mismo lo justifique.
- Archive una copia del comunicado para compararlo con el artículo publicado en el diario. Luego de compararlos, tome nota de lo que fue suprimido o modificado. Esto le ayudará a escribir mejores comunicados en el futuro.

COMO MANEJAR A LOS VISITANTES INESCRUPULOSOS

Además de relacionarse con los medios y con los visitantes, la secretaria también tiene que enfrentarse con personas que simplemente aparecen en la oficina, sin estar citadas. Algunos pueden ser representantes de ventas inoportunos, otros advenedizos que intentan obtener información confidencial y, lo peor, tramposos que se hacen pasar por vendedores o inspectores con el plan de robar datos o bienes.

Podemos sugerir las siguientes medidas para proteger a su empresa de dichos ardides:

- Pedir al vendedor que le entregue todas las ofertas por escrito, incluyendo la marca registrada de los productos, la lista de precios, y el nombre, la

101

dirección y números de teléfono completos de la compañía. Si la compañía es fraudulenta, no los verá más.

- Nombre un solo miembro de su equipo para que apruebe todos los pedidos y las ofertas.
- Si recibe de hecho ítem que no fueron solicitados, rechace la entrega, de ser esto posible. Advierta al departamento de compras respecto de potenciales problemas.
- Si el envío fue aceptado, no utilice nada del pedido. Escriba a la compañía para informarle que, debido a que no se ha hecho ningún pedido, no se efectuará ningún pago. Dígales que pasen a retirar la mercadería.
- Recuerde también que, si le envían mercadería no solicitada, no tiene ninguna obligación de devolverla o pagarla.
- La mejor defensa es establecer una relación comercial solamente con firmas proveedoras de artículos, máquinas y equipos para oficinas, que son reconocidas en el mercado.

10 DENTRO DEL AMBIENTE DE OFICINA

Todas las familias felices se asemejan.

León Tolstoy

SECRETARIAS: EL FACTOR HUMANO EN LAS OFICINAS

Hoy en día se habla mucho del medio ambiente, y nos dicen que todos debemos hacer algo para mejorarlo. El ambiente de la oficina no tiene prados ni árboles; está formado más bien por personas que entablan relaciones entre sí. Cualquier cosa que pueda hacer para mejorar las relaciones entre los individuos, dentro o fuera de la oficina, ayudará a transformarla en un lugar de trabajo más gratificante.

Por más sofisticada o informatizada que sea la oficina, el ingrediente más importante para un funcionamiento exitoso sigue siendo el factor humano. En *Megatrends*, John Naisbitt hace el comentario siguiente, "Cuanto mayor sea la cantidad de factores tecnológicos que nos rodean, tanto más se requiere el factor humano". El rol de la secretaria es realmente crucial para satisfacer esa necesidad de un toque humano.

Aunque su ordenador esté programado para "hablar" con los clientes, un ordenador no puede tranquilizar por teléfono a un cliente encolerizado. Ni existirá nunca una máquina que pueda exhibir la discreción de una secretaria, que debe tratar con un cliente que tamborilea sus dedos por estar esperando a su jefe, que se ha demorado.

¿Puede un ordenador o un procesador de textos guardar un secreto si todos en la oficina conocen el santo y seña? Un directivo puede contar con la confidencialidad de la secretaria. Las máquinas se pueden descomponer, pero la secretaria está allí de nueve a diecisiete y a veces hasta más tarde.

La secretaria es una persona con iniciativa propia, no necesita un floppy disk. No solamente son responsables las secretarias de la realización sin problemas y en forma eficiente de las tareas de la oficina, sino que deben ser creativas y tener una comprensión profunda de la operación global de la organización.

Tal como mencionamos anteriormente, la secretaria tiene el *savoir faire* de ocuparse de tareas complejas meticulosamente y con precisión, pero a la vez manteniendo un ritmo activo de trabajo. La secretaria tiene la oportunidad de crear un ambiente agradable, de colaboración, en toda su comunidad de trabajo.

En su calidad de profesional, usted puede lograr lo antedicho de la siguiente manera:

- Trate de ser amable con todos; es una tarea difícil, pero que da sus compensaciones. Cuando debe transmitir las directivas de su jefe, recuerde que provienen de ARRIBA, no de usted. Un enfoque erróneo puede crear una barrera entre su jefe y el resto del personal de la oficina. El resentimiento que sienten hacia usted puede crecer cada vez más. Si el jefe ladra, "¿Adónde está el maldito informe del departamento de contaduría?" no transmita el mensaje con esas mismas palabras. Sea discreta; simplemente diga que se necesita el informe con urgencia. Si su jefe llama a alguien que está sobre el tapete, no se comporte también usted con esa persona de manera desagradable. Mantenga una posición neutral.

- Sea amable con las personas que vienen a ver a su jefe. Una actitud amable no solamente ayuda a tranquilizar a los clientes, sino que se sentirán mejor dispuestos a tratar sus negocios.
- Sea impersonal. Cuando alguien dice, "Buen día, ¿cómo se encuentra usted?" no le haga un relato pormenorizado de sus más recientes dolencias. Mantenga su vida íntima en la intimidad.
- No saque conclusiones apresuradas. Reflexione sobre esta situación tantas veces repetida. Le entregan un informe estadístico para tipear y corregir en una hora, pero Ud. justo ha comenzado a tipear otro extenso e importante documento, y se encuentra introduciendo la página N° 1 en el procesador. Antes de chillar, averigue por qué le asignaron ese trabajo a Ud. Quizá la eligieron por considerar que es la única que puede hacerlo.
- No se queje. Un torrente continuo de quejas pone también a los demás de mal humor, y el ambiente de trabajo se deteriora. Existen caminos a tomar para solucionar una auténtica dolencia; por lo tanto, no abrume a las personas que nada pueden hacer frente a una queja.

La secretaria profesional utiliza constantemente el sentido común y el juicio, que son cualidades humanas esenciales para tener éxito en cualquier trabajo. Un ordenador solamente colabora si está programado correctamente. La secretaria ya viene programada con una actitud positiva, colaboradora, necesaria para levantar el ánimo de todo el equipo. Actitudes semejantes pueden ayudar a elevar la productividad. A continuación, describiremos algunas de estas actitudes profesionales:

Actitud negativa	Actitud positiva
"Realmente pienso que no va a resultar."	"Tratemos de hacerlo y veamos."
"No es práctico; dejémoslo."	"Hay que considerarlo desde todos los ángulos."
"¿Para qué comprar una nueva máquina? Progreso muy bien con ésta."	"Quizá pueda trabajar más eficientemente con dicha máquina."
"¿Qué haremos si no funciona?"	"¿Podemos hacerlo a modo de ensayo?"
"Al jefe puede no gustarle."	"Me parece que pediré la opinión y las sugerencias de mi jefe."
"Sabía que no iba a funcionar."	"Probemos con un nuevo enfoque."
"Nadie más lo está haciendo."	"Somos más eficientes que las demás oficinas."

EL ROL DE CONFIDENTE DEL PERSONAL

Mantener la información confidencial lejos de personas de afuera puede resultar difícil. Es posible que, dentro de la organización, usted se enfrente con el mismo desafío, especialmente si cumple el rol de confidente del personal. La presión por parte de aquellos que sienten curiosidad por conocer determinada información puede ser particularmente intensa si usted trabaja para algún funcionario gubernamental, si es la secretaria del presidente o de un alto directivo, o tiene un jefe que se ocupa de crear las políticas. Al tener acceso a información privilegiada, está expuesta a las esperanzas, sueños y ambiciones de sus compañeros de trabajo como así también a sus dolencias, quejas e insatisfacciones.

Para dar un ejemplo de esto, veamos el caso de una secretaria de un funcionario local, que vio cómo se arruinaba una buena amistad, porque una compañera de trabajo (aparentemente una buena amiga) le hacía constantes preguntas sobre los próximos cambios en las leyes referidas a la distribución en zonas. El esposo de esa compañera tenía un negocio inmobiliario que era afectado por dichas leyes.

El interrogatorio al que dicha compañera sometía a la secretaria, ocurría en la oficina, durante la hora del almuerzo, en ocasiones sociales e incluso por teléfono a su casa. La situación se deterioró tanto que la secretaria acabó por evitar el contacto con su compañera.

La responsabilidad que implica estar cerca de la "posición de máximo poder" no tiene que ser necesariamente una experiencia frustrante. Veamos los siguientes consejos, que le ayudarán a mantener la información privilegiada en secreto mientras sigue teniendo una buena relación con sus compañeros de trabajo:

- "No traicione la confianza que depositan en usted. La secretaria que tiene sentido común es aquella capaz de guardar un secreto.
- Examine a sus compañeros sin intervenir; no trate de ser un perro guardián. Observe sus hábitos de trabajo, características de personalidad y ética de trabajo. Al conocer mejor las características de sus compañeros, le será más fácil evaluar las quejas, los requerimientos, etc. de los mismos.
- La observación atenta de los compañeros de oficina puede ayudarle a solucionar problemas. Por ejemplo, ¿se justifica la queja del "Sr. que trabaja en exceso"? ¿O es que acaso tendría tiempo para realizar bien su trabajo si dejara de hacer tantas llamadas telefónicas personales durante el horario de trabajo? Y la "Sra. nunca fui ascendida", ¿es la misma empleada que sigue haciendo sociales a pesar de que el descanso para tomar café ya terminó?
- Los demandantes crónicos se destacan. En cada oficina hay uno, o más. Son bastante fáciles de manejar si los escucha, mantiene una actitud de reserva, y les dice que en realidad no está muy enterada de esa situación. Si insisten, puede decirles que está dispuesta a investigar el tema: en general, esta respuesta los satisface sin alienarlos.
- Mantenga una política de "puertas abiertas". Sin embargo, no exagere ni se convierta en el mártir de la oficina. Comunique discretamente a sus compañeros que usted también tiene responsabilidades que cumplir. In-

fórmeles que quizá tengan que esperar antes de contarle sus inquietudes. Un "período de espera" puede hacer que el problema "urgente" de un compañero se reduzca o aun desaparezca.

- Si escucha la misma queja de varios miembros del equipo, esto es una señal de alarma. Investigue primero el asunto por sí misma. Obtenga datos objetivos de aquellos que están al tanto de lo que pasa. Si el problema resulta ser lo suficientemente serio, debería informar a su jefe para que él lo pueda evaluar.
- Si decide acercarse al jefe, elija un momento que sea de la conveniencia de él. Informe a su jefe del problema de manera justa y objetiva y trate de no dar nombres.
- Si el jefe pide su opinión, sea espontánea, honesta y sincera con respecto a sus descubrimientos.

Recuerden, secretarias, ustedes cumplen diversos roles. Existen dos que son muy importantes: por un lado, el de saber mantener los secretos y ser confidentes; por lo tanto, arrime un hombro y preste un oído, y continúe siendo la buena confidente de la oficina.

SECRETARIA Y JEFE: UN EQUIPO GANADOR

Créase o no, la persona que las secretarias encuentran más fáciles de manejar en la oficina es el jefe. No hay duda de que la secretaria es en quien el jefe más confía. Cuántas veces escuché a un directivo decir: "Aceptaré el ascenso (o la transferencia) con la condición de que pueda llevar conmigo a mi secretaria". Ya sea que la secretaria ascienda junto con su jefe, que tenga que adaptarse a uno nuevo, o tenga que ocupar el lugar del jefe, no existe ningún ingrediente más importante para mejorar la productividad que el de que ambos trabajen como miembros de un equipo, un equipo realmente ganador.

Las secretarias profesionales aprenden rápidamente por qué sus jefes confían en ellas. Por ejemplo, una secretaria puede advertir que debe seleccionar las llamadas telefónicas y los visitantes con mayor meticulosidad para un jefe que para otro. En otros casos, algunos jefes dependen de sus secretarias para que éstas contesten toda la correspondencia de rutina, mientras que otros prefieren contestarla por sí mismos.

La secretaria profesional es, generalmente, comprensiva y aprende a ver las cosas desde el punto de vista del otro. Si un jefe le pide que realice una tarea en un tiempo demasiado limitado, y luego explota si no está terminada, ella debe saber mantener la tranquilidad. No es una tarea fácil, pero si se siente molesta, demorará todavía más tiempo en concluir su trabajo. Usted sabe que está haciendo lo más que puede. También advertirá que el jefe planificó su tiempo inadecuadamente, pero que esto a veces sucede.

De acuerdo con la opinión de una secretaria, "Los días imprevisibles en mi oficina son la norma. Si no estoy trabajando en un proyecto complicado para la oficina, me pide que la asista con sus actividades organizativas comunitarias o ciudadanas. Es bastante común que me interrumpa cuando me encuentro muy concentrada en redactar un informe de la corporación, para que la ayude a preparar una resolución para la tropa de niños exploradores N° 10. La flexibilidad y el buen humor son cualidades imprescindibles para trabajar con mi jefa, y he aprendido a desarrollar ambas". Esto es lo que significa trabajar como un EQUIPO.

La lealtad con la compañía y el jefe es otra cualidad muy demandada de una secretaria. Esto, además del hecho de sentir orgullo por su trabajo, hace que el desempeño de esta profesión brinde mucha satisfacción. La secretaria que continúa creciendo profesionalmente, mediante la actualización de sus aptitudes, la calidad de su trabajo, y el apoyo que le brinda en todo momento a su jefe, seguirá formando parte de un equipo ganador.

COMO ADAPTARSE A UN JEFE NUEVO

Siempre existe la posibilidad de que, en cualquier momento, asignen a una secretaria a un nuevo puesto. Puede suceder que sea transferida a otro departamento dentro de la organización; o que su jefe se jubile, se mude, o sea transferido; podría ocurrir que la compañía se fusione con otra, con la consiguiente reorganización total.

Comience sus nuevas tareas teniendo presentes los éxitos del pasado. Esto le ayudará a recuperar esa parte de la confianza en sí misma, que puede haber perdido a causa de los cambios, por encontrarse ante un nuevo jefe, o al regresar, tras una larga ausencia, a su puesto de trabajo.

- Tenga la mente abierta y sea receptiva ante los cambios; acepte las nuevas rutinas de la oficina como un desafío. Considere su trabajo (nuevo o viejo) como una oportunidad de aprender algo diferente y obtener más conocimientos en una nueva área.
- Un modo de enfocar una responsabilidad nueva es el de imaginar que está en un puesto enteramente diferente. En un puesto diferente, existen procedimientos nuevos para aprender. Recuerde que para manejar equipos distintos se requieren métodos distintos.
- No tenga miedo a su nuevo jefe; más bien, aprenda de él.
- Sobre todo, no sienta vergüenza de pedir ayuda aun cuando tenga que pedirla a las mismas personas a quienes usted ayudaba. No hiera los sentimientos de los demás, y piense que usted no es la única que se está acostumbrando a una situación nueva.
- Averigüe exactamente cuáles son los procedimientos que su jefe quiere que siga, y SIGALOS. Sin embargo, usted podría decir, "¿Desearía que yo siga haciendo esto como antes, o prefiere que lo haga de otra manera?" Así le puede insinuar que EXISTE una forma mejor. Sea como fuere, deje que el jefe tenga la alternativa de decidir cómo manejar la oficina (aun cuando la secretaria termine por manejarla).
- Al trabajar para su nuevo jefe, asegúrese de averiguar cuáles son las tareas y las políticas prioritarias, y ajuste su programa de acuerdo con ello. Cuando descubra cuáles son las metas de su jefe y cómo piensa a alcanzarlas, bríndele su apoyo en un 100%. Al hacer esto, probablemente le asignen más responsabilidades y usted comenzará a disfrutar del nuevo jefe y del nuevo trabajo.
- PREGUNTE. Plantee preguntas respecto de la operación global de la compañía. Puede incluso solicitar que le expliquen cuáles son los objetivos de la compañía, y de qué maneras puede usted, como secretaria, contribuir a que los mismos sean cumplidos.
- Los directivos felicitan a sus secretarias cuando saben tomar iniciativas,

107

tales como escribir en borrador las cartas de rutina, o juntar anticipadamente información sobre un proyecto específico. A veces los jefes se sienten agradecidos cuando las tareas menos urgentes son realizadas por otros.

Aprenda a ser más lista que su jefe. Piense de manera ejecutiva. Póngase en el pellejo de su jefe y adelántese a sus necesidades. Si usted puede prever los requerimientos futuros y solucionar problemas antes de que ocurran, está en camino de formar parte del management. Debe tener presente que su jefe también está probándose a sí mismo en una situación exigente. Con su ayuda, usted y su jefe formarán un equipo dinámico.

APRENDIENDO A MANEJAR EL ESTRES

Mucho se ha escrito en años recientes sobre el estrés, en qué consiste y cómo manejarlo. Una cosa parece segura: todos lo experimentamos en algún momento. Para la secretaria, existen innumerables situaciones estresantes: se debe tomar una importante decisión y no hay nadie disponible para pedirle un consejo, se deben cumplir varios plazos simultáneamente, o los problemas en su casa afectan su trabajo en la oficina. Aunque estos últimos son ejemplos de estrés "negativo", consideremos la posibilidad de que el estrés también puede beneficiarla si lo toma como un desafío o un estímulo. Intente aplicar las siguientes técnicas; pueden resultarle útiles.

- Mantenga una actitud positiva. Enfoque su trabajo de manera afirmativa. A pesar de lo pequeña que sea la tarea o lo mucho que le desagrada, es necesa-

rio cumplirla. Preste total atención a cada tarea y llévela a cabo lo mejor posible. Si solamente hace esto, se sentirá mejor cuando el trabajo esté terminado.
- Organice. Conseguirá que su trabajo le resulte, a la larga, más sencillo. Junte los elementos que necesita para trabajar, lea las instrucciones de cabo a rabo, o prepare un esbozo. Así tendrá una idea más clara de lo que quiere lograr.
- Fije el ritmo de la tarea. No se apresure simplemente para sacársela de encima. Deténgase cada tanto y revise dos veces lo que hizo para ver si está exacto. Puede así evitar la posibilidad de tener que rehacer completamente un documento o un proyecto.
- Si siente que su tensión está aumentando, deje la tarea por un rato. Complete otra actividad, y retómela más tarde. Después de una pausa para tomar café, o para almorzar, es posible que tenga una actitud más tranquila con respecto a la tarea.
- El bienestar físico tiene un impacto sobre la actitud mental. Una dieta adecuada y un programa de ejercicios pueden hacer maravillas en la lucha contra la fatiga y la tensión.
- Aprenda a adaptarse. Si está acostumbrada a preparar el informe de ventas por las mañanas, esto no implica que no lo pueda hacer en otro momento del día con igual rapidez y precisión. INTENTELO. No se sienta molesta si le piden que postergue esas transcripciones y que comience el día con una tarea diferente. Las rutinas existen para salir de ellas.
- Intente desarrollar su sentido del humor. Es un elemento muy importante para salir adelante.
- No vacile en comunicar sus preocupa-

ciones al jefe o a los compañeros de trabajo. Quizá de ese modo no se sienta tan presionada, y pueda recibir sugerencias que le ayuden a disminuir su carga de trabajo.

- Haga una evaluación de sus propias características, aptitudes y expectativas. Es posible que se esté exigiendo demasiado.

Existen dos formas de afrontar las dificultades; modificar las dificultades, o modificar su propia manera de enfrentarlas.
Phyllis Bottome

USTED PUEDE MANEJAR LAS CRITICAS

Todos somos objeto de críticas en algunos momentos, ya sea en circunstancias personales o profesionales. Las secretarias no constituyen una excepción. En realidad, algunas reciben tantas críticas de sus compañeros de trabajo, que parecen formar parte de la descripción de tareas de las mismas.

A pesar de lo suavemente que se formulen, nunca resulta fácil aceptar las críticas. Sin embargo, pueden tener un efecto beneficioso. Una actitud positiva no solamente nos permite soportar mejor los juicios adversos, sino que contribuye a que existan mejores relaciones y más comprensión entre la gente. Veamos las pautas siguientes:

- Tome su trabajo, y no a usted misma, en serio. Es importante ser sensible ante el HECHO de que nos critiquen; y no respecto de dichos JUICIOS. Si al ingenioso de la oficina le gusta importunarla porque no pudo foliar el documento la primera vez, simplemente

sonría, comente que la máquina es "tonta", y siga intentándolo. No demuestre que las bromas la molesten, más bien deje que el bromista de la oficina se divierta un poco. Nadie se sentirá herido.

- Cuando la critiquen, no se excuse. Sobre todo, no le eche la culpa a otra persona. Esto es en realidad lo mismo que declararse culpable, y así lo van a considerar su jefe y compañeros de trabajo.

- Analice las razones por las que la critican, y trate de tomar medidas para evitar que la situación se repita. Esta es una actitud constructiva. Por ejemplo, conocí una secretaria que tenía la mala costumbre de interrumpir a sus compañeros con preguntas y comentarios cuando estaban hablando por teléfono. Finalmente, cuando los miembros del personal le llamaron la atención sobre esto, se sintió conmocionada. Nunca había advertido hasta qué punto esta conducta molestaba a los demás. Ahora, cuando esa misma secretaria ve que alguien está hablando por teléfono, se mantiene lo más alejada posible. En realidad, se ha convertido en un chiste en la oficina; cuando suena el teléfono, ella corre en dirección opuesta.

- Cuando la critiquen, no se resienta ni enfurruñe; con un comportamiento semejante solamente logrará que se fijen en su error y parecerá una persona amargada.

- Acepte que a veces su jefe simplemente da rienda suelta a sus propias frustraciones. ¿Es esto injusto? Sí, pero no es el momento para mencionarlo. Espere hasta que la situación se enfríe y luego podrá discutir el problema. Es muy posible que el jefe esté de acuerdo con su análisis.

- Frente a alguna situación desagradable, refiérase a la misma con tranquilidad. Al desahogarse, no solamente se sentirá mejor sino que ganará el respeto de sus compañeros de trabajo.
- Sobre todo, no se dé vuelta y critique al que la criticó.

Si le toca en suerte la otra cara de la moneda —es decir, criticar a otro— usted también sabrá manejar esa situación.

Mas allá del nivel de management que ocupe —presidente de directorio, directivo de máximo nivel, o secretaria que acaba de ser nombrada encargada de la oficina— llega un momento en que usted tiene la obligación de criticar, reprender o regañar a alguien cuyo desempeño no ha estado a la altura de sus expectativas y requerimientos. No es una tarea agradable, pero aunque al principio parezca muy difícil, se torna un poco más sencilla si utiliza el enfoque adecuado.

- Junte todos los datos y asegúrese de que la información sea verdadera. Criticar indebidamente a alguien que no lo merece es un pecado imperdonable.
- Critique de manera positiva y constructiva. Comience la sesión mencionando algo bueno que hizo el empleado o elogiándolo/la por alguna cualidad que admira.
- Sea consistente. Esta es la primera regla de todo buen maestro. Cuando usted reta a alguien, es porque está tratando de enseñarle algo. Si no es consistente, solamente logrará confundir, y dejarán de creer en usted.
- Nunca regañe a alguien en presencia de otra persona. Con una actitud así, solamente logrará que miren con compasión al que es criticado y que tengan una peor opinión de usted.
- Vaya al grano. No deje que cosas que sucedieron antes entren en la conversación actual.
- Mantenga sus sentimientos en secreto. Esto puede ser lo más difícil de hacer, en especial si el miembro del equipo es alguien con quien tiene una relación particularmente amistosa.
- Espere a enfriarse si está enojada. Nunca reprenda a alguien durante un acceso de cólera; puede decir cosas de las que luego tenga que arrepentirse.
- Finalmente, termine el encuentro de manera amistosa. Por ejemplo, pídale consejos respecto de cómo se podría evitar el problema en el futuro.

Todos cometemos errores; por lo tanto, trate a los que incurren en errores, de la misma forma en que le gustaría que la traten a usted. Mantenga una actitud profesional. Las críticas constructivas hacen que el empleado sienta que ha recibido ayuda.

EL ENFOQUE NEGATIVO NO ES TAN MALO

Aprenda a decir que NO; le será más útil que leer en latín.

Charles H. Spurgeon

Las secretarias son los principales blancos para todo tipo de requerimientos que no forman necesariamente parte de la descripción de tareas, desde tipear un informe para el hijo de un compañero hasta coordinar un evento social de la oficina. A pesar de lo incómodo que puede ser decir "no" a ciertos pedidos, es a menudo imprescindible. Para algunas personas, decir que "no" es fácil, pero para otras es difícil. Enumeramos a continuación las situaciones con las que se podría enfrentar, y sugerencias sobre las maneras de decir "no" con amabilidad.

- Cuando le pidan que tipee una carta para un integrante del personal para el cual no trabaja directamente, podría contestar: "Ojalá tuviera tiempo, pero debo terminar este informe lo más rápido posible, y hacerlo me está llevando más tiempo del que pensaba". No debe agregar: "Por favor venga más tarde, si es que aún lo puedo ayudar". Sin duda le pedirán ayuda más tarde, y puede ser que esto le resulte todavía más inoportuno.
- Si es la única persona en la oficina que sabe manejar el procesador de textos o algún otro equipo, indudablemente la eligirán primero para que enseñe a otros el manejo de los mismos. Aunque sea algún jefe el que se lo pida, debe decir que "no" desde el principio o la situación se puede volver caótica, y nunca podrá cumplir con su propio trabajo.
- Cuando alguien en la oficina sugiere un cambio o quiere que firme una petición, por supuesto diga lo que piensa. "No estoy muy segura si estoy o no de acuerdo", o "Es materia de reflexión, lo pensaré", o "¿Pensaron en otras alternativas?" Generalmente una respuesta semejante es suficiente para hacer entender que está diciendo que "no", si esa fuera su intención.
- Aprenda a decir que "no" con sinceridad y seguridad.
- Evite largas explicaciones que parecen excusas y racionalizaciones. Debe dar razones suficientes para que su negativa no le haga perder un amigo.

Piense que un "no" puede ser utilizado para alcanzar resultados positivos: a veces un "no" ante una interrupción es un "sí" a un incremento de la productividad.

¿ES USTED UNA PERSONA QUE POSTERGA?

Todos lo hacen. Algunas personas lo hacen todo el tiempo. Algunos muy raramente. ¿QUE HACEN?: postergar las tareas que consideran difíciles, inmanejables o aburridas. Postergación. Hasta usted lo hace en algunas ocasiones. Pero si el hecho de dejar los trabajos desagradables o monótonos para más adelante, se le ha convertido en costumbre, entonces ha llegado el momento de controlarse y desarrollar hábitos de trabajo que eliminen este malgasto del tiempo.

Es posible que, al fin del día, simplemente deje sin terminar las tareas que parecen menos interesantes. No le resultarán más estimulantes por la mañana, y las tendrá que cumplir de todas maneras. Esto es lo más fácil de corregir. Si existe la posibilidad, encuentre huecos durante el día, en los que ir completando esos trabajos poco interesantes. Si el problema es archivar, no intente hacerlo de una sola vez. Divida el trabajo en segmentos. Trate de archivar de la A a la G a primera hora de la mañana, de la H a la O justo antes del almuerzo, y de la P a la Z cerca del fin del día. Es posible que la tarea del archivo nunca la entusiasme, pero al menos no encontrará un gran número de papeles sin archivar mofándose de usted desde todos los rincones.

Este mismo enfoque gradual le puede ser útil para llevar a cabo esas tareas que parecen muy difíciles o complicadas. La división en distintas partes hace que cual-

111

quier trabajo parezca más manejable. Muchas veces, hay personas que eluden hacerse cargo de una tarea determinada, porque no comprenden totalmente su ejecución. Cada vez que no comprenda cómo se realiza una tarea, pregunte. Si esto la pone incómoda, tómese un tiempo para formular las preguntas que tenga. ¿Qué es lo primero que hay que hacer para preparar el informe financiero? ¿Quién tiene la información que necesito para prepararlo? ¿Qué formato debe utilizarse? ¿A qué personas hay que enviar copias? ¿Será necesario enviar información adicional a dichas personas? A veces, al analizar el proyecto en su totalidad, nos quedamos helados ante su magnitud. Luego hallamos 49 otras tareas para hacer, en lugar de la que es realmente prioritaria. El resultado es estrés, frustración, y plazos sin cumplir.

Es posible que el hecho de postergar sea un indicio de malos hábitos de trabajo. ¿Consigue alargar un trabajo porque se pasa el tiempo soñando despierta? Los planes que tiene para el almuerzo o para el fin de semana pueden ser más divertidos que tipear un análisis de marketing de 30 páginas; sin embargo, podrá disfrutar aún más del paseo de compras, el ir a pescar, o el picnic con su familia, al saber que el informe no estará todavía el lunes sobre su escritorio.

Otras formas de postergar son las de charlar con los compañeros, hacer llamadas personales muy prolongadas, o perder demasiado tiempo en las pausas para tomar café.

¿Le sucede a menudo que debe trabajar hasta tarde porque postergó una tarea que debía terminar puntualmente ese día, y no porque le dieron algo para hacer a último momento? Nuevamente, el mal hábito de trabajo puede ser el reo.

¿Se escuda en la enfermedad para evitar ciertas tareas? Si ha llegado a ese punto, es el momento de analizar si realmente está tan atascada que fingirse enferma parezca ser la única respuesta. Quizá necesite cambiar de empleo. Si tiene problemas personales que le resulta imposible dejar en su casa, considere la posibilidad de conversar este tema con su jefe, si él o ella están favorablemente dispuestos a escucharla. Es posible que le hayan encomendado una tarea para la cual no tiene aptitudes, y que, por lo tanto, requiera ayuda de otra persona. Su jefe podría delegar ese proyecto en otro empleado, y asignarle a usted tareas en las que pueda distinguirse.

Las listas son herramientas eficaces para organizar las actividades diarias, a fin de que, a las 17, todas las tareas prioritarias estén cumplidas y el trabajo del día siguiente planificado. Si programa la carga de trabajo diario en forma eficaz, no perderá tanto tiempo.

Agrupe las actividades similares. Si tiene llamadas telefónicas para hacer, tómese un período de tiempo en el día para dedicarse exclusivamente a eso. Junte los trabajos de copiado y procéselos en tandas; no pierda tiempo yendo y viniendo de la fotocopiadora. Analice su día o semana de trabajo. ¿Cuándo está más ocupada? ¿Cuándo tiene momentos de poca actividad? Mire su lista de cosas para hacer y fije las prioridades. Por ejemplo:

- Abrir y distribuir la correspondencia todas las mañanas. (1)
- El informe financiero debe ser entregado el viernes. (4)
- Ver un vendedor en algún momento para conversar sobre la compra de una nueva impresora. (3)
- Generalmente cinco a siete cartas

(promedio) por día que deben prepararse para la firma y el despacho. (2)

- Llamar a una amiga para invitarla a una fiesta. (5)
- Tomar dictado a pedido de su jefe. (2)
- Investigar para un informe de marketing a ser presentado en la reunión de directorio del mes próximo. (4)
- Por supuesto, el tedioso archivo. (2)
  (1) Todos los días, a primera hora de la mañana.
  (2) Durante el día según la necesidad: planifique en qué momentos del día va a realizar la tarea.
  (3) Busque durante la semana los períodos de inactividad, y concierte una cita.
  (4) Realice el trabajo de a ratos, tomando en cuenta las demoras y las correcciones de último momento.
  (5) Para hacer durante la hora de almuerzo o en su casa.

El problema de las postergaciones en general depende de usted, y a usted le corresponde encontrar la solución. El primer paso es reconocer que existe un problema; el segundo paso, y uno muy importante, es aprender a organizarse mejor. Usted se debe ayudar a sí misma, porque esas personas que parecen nunca poder terminar lo que les encomiendan, pueden encontrar rápidamente que ya no tienen más tareas que cumplir.

Por supuesto, siempre puede racionalizar y decir que no pierde el tiempo... lo suyo se trata de ocio creativo.

LA POLITICA EN LA OFICINA EFECTIVAMENTE EXISTE

Las intrigas, las ocasiones en que se les echa la culpa a los demás, las traiciones, y los intentos de adular al jefe, son cosas que ocurren permanentemente en el mundo de la industria y el comercio, del mismo modo que en el político. Muchas secretarias han observado el desarrollo de estas campañas políticas, en las que los candidatos pelean para decidir, en el ruedo de la corporación, quiénes han de ascender por la escalera hacia el éxito.

Cuando la credibilidad de un directivo está en peligro, y otro está tras un ascenso, el juego político en la oficina puede llegar a un clímax; se puede volver bastante sucio. Las secretarias aprenden a diferenciar el estilo de la sustancia, y la retórica de los hechos, y a arreglárselas con los casos de competencia despiadada. Deben ser capaces de manejar a compañeros de trabajo, tanto a los que son inseguros como los que son excesivamente ambiciosos, que se encuentran inmersos en esos juegos. Juegos que, desafortunadamente, no son intrascedentes.

No es fácil mantenerse ajena al conflicto provocado por un miembro del equipo, cuando dicha persona es la favorita del máximo directivo, y se aprovecha de esta situación. El favoritismo se puede dar si el empleado conoce a alguien que el jefe quiere conocer, o si es especialmente agradable, o, quizás el caso más difícil de aceptar, si dicho compañero es un pariente. Aunque estas situaciones no admiten excusas, deben manejarse con cautela y se debe intentar ignorarlas temporariamente. Si la persona favorecida es inepta, el problema se resolverá por sí mismo, porque dicha persona no será productiva. Sin embargo, están los que caben en la categoría de "hombre de principios". Que Dios les ayude; la van a necesitar.

Otra situación desagradable es la de verse obligada a elegir entre su jefe inmediato y el jefe de él. Esta puede llegar a ser una situación bastante delicada y de ser posible, conviene evitarla. Algunos compañeros de trabajo quedan aprisionados al tratar de aliarse con algún grupo en la compañía. En estos casos, una mala elección puede resultar trágica.

Los mejores consejos que puedo brindar para enfrentar una situación incómoda como la descrita, son los siguientes:

- No acepte alianzas con ningún grupo a pesar del poder que puedan tener.
- Evite ser usada por un compañero de trabajo que está envuelto en una lucha por el poder.
- Ignore las críticas; recuerde: usted sabe cómo conducirse frente a las mismas.
- Mantenga, a toda costa (o a rajatablas), el respeto por sus pares.

Finalmente, si descubre que le gusta la política, siga mi consejo y postúlese para un puesto oficial desde el cual servir a la comunidad. Evite la política dentro de la oficina.

EL "LENGUAJE DE SALON" DEL EJECUTIVO

Aparte de estar sentada en primera fila para observar la relaciones políticas dentro de la empresa, para guardar la información confidencial, y por ser uno de los jugadores más importantes en el equipo de la oficina, la secretaria es, generalmente, la persona más capacitada para traducir el lenguaje de salón del ejecutivo a términos comprensibles. En realidad, la secretaria sabe muy bien que el "lenguaje de salón" no siempre es tan educado.

Quién mejor que la secretaria puede comprender que el memo del jefe, en el cual puede leerse: "Por favor pase por mi oficina tan pronto como le sea posible", en realidad debe interpretarse como: "Venga aquí YA MISMO". Otra expresión que se escucha en las tertulias de los altos directivos es, "Por supuesto, si lo rechaza, su futuro en la compañía no correrá ningún riesgo". La secretaria generalmente interpreta esa aseveración en la siguiente forma: "Tómelo o será despedido".

La inexperta secretaria Ana aún no aprendió que su jefe, que está tras un ascenso, NO la está invitando a salir cuando, a las cinco de la tarde, le hace la siguiente pregunta: "Señorita Jones, ¿tiene algo que hacer esta noche?" La inteligente Srta. Ana contesta rápidamente, "Sí"; de lo contrario, se encontrará trabajando hasta tarde para asistir a "Don Ambicioso" en un proyecto especial para la compañía.

La secretaria sabe que si un vendedor perdió una licitación importante en manos de un competidor, y el jefe le dice, "No importa; ya ganaremos la próxima", éste ya ha comenzado a entrevistar candidatos para reemplazar al "Sr. Perdedor."

Utilizando ese mismo olfato, la secretaria con experiencia comprende que si el jefe dice: "¿Tiene algún problema en su casa? Quizá yo la pueda ayudar", es un manera discreta de decirle que deje los problemas personales fuera de la oficina.

El "lenguaje de salón" ejecutivo continuará asombrando y divirtiendo a las secretarias inteligentes, que saben ver a través de las palabras y dar su propia versión.

CUANDO LA ENFERMEDAD ATACA LA OFICINA

Cuando se presentan casos de enfermedad, la tragedia afecta a la familia de la oficina tanto como a la familia de la propia víctima.

Es posible que nadie mejor que la secretaria pueda brindar consuelo y asistencia, desde un punto de vista laboral. Por ejemplo, si el jefe tiene cáncer y tiene que someterse a tratamientos con rayos o quimioterápicos, la secretaria puede coordinar dichos tratamientos con una agenda de trabajo menos intensa. Está también en una posición que le permite ayudar al directivo enfermo de varias otras maneras.

- No ponga demasiadas actividades en un período de tiempo excesivamente corto. Si su jefe debe correr de una reunión o actividad a otra, se agotará físicamente y estará emocionalmente tensionado. Siempre que sea posible, evite programar las entrevistas molestas o las citas en las que habrá muchas presiones muy seguidas unas de otras. Es conveniente que su jefe tenga un poco de tiempo disponible entre una y otra para reponerse y recuperar el aliento. No deje que su jefe se ocupe de muchas tareas que requieran su atención simultáneamente. Esto conduce a un aumento de la fatiga y el estrés.
- Planifique los viajes de negocios con cuidado, en especial cuando son a lugares alejados. No se olvide de considerar los diferentes horarios: programe los viajes para que coincidan con los husos y el día de trabajo y para que tenga tiempo disponible para descansar. Intente organizar los viajes para principios de la semana, cuando su jefe está menos cansado.
- Organice los compromisos que plantean exigencias o que serán agitados para la primera, y no la última hora del día.

- Unos minutos antes de las reuniones, recuérdele a su jefe que están por comenzar. Así tendrá tiempo suficiente para pensar y juntar información que pueda necesitar para la cita. En el caso de reuniones fuera de la oficina, organícelas de manera que su jefe pueda llegar a tiempo sin tener que correr.
- Trate de evitar que su jefe tenga que asistir a muchos almuerzos de trabajo. La comida es difícil de digerir cuando se trata de un negocio importante.
- También puede ayudar estableciendo un método para que su jefe recuerde cuándo debe tomar su medicación. Es posible que el médico le haya prescrito una dieta especial. Estimule a su jefe para que la cumpla. Si el jefe es casado, podría hablar con la cónyuge por si existen otras instrucciones especiales de las cuales no está enterada.
- Deje que su jefe descanse 20 minutos o más, después del almuerzo. Aparte para después de almorzar las tareas sencillas, tales como firmar cartas o leer. Mantenga alejados a los visitantes o los mensajes que puedan producir demasiado pronto un ritmo de trabajo agitado.
- Encárguese de la mayor cantidad de tareas de rutina como sea posible o deléguelas en otras personas. Aunque su jefe esté convencido de que sólo él o ella pueden manejar un determinado problema, otras personas pueden aligerar la carga de trabajo.

LA SECRETARIA DEBE MANEJAR AL GRUPO QUE VA A ALMORZAR Y VUELVE CON ALGUNAS COPAS DE MAS

Muchas secretarias de hoy en día tienen que manejarse frente al grupo que va a almorzar y vuelve con algunas copas de más. Esas personas regresan a la oficina en un estado de ánimo alegre, jovial, y a menudo bullicioso, después de un almuerzo que dura aproximadamente dos horas. El participar en estos almuerzos líquidos no solamente interfiere con el trabajo que luego deben realizar, sino que puede afectar la productividad de todo el sector.

Desafortunadamente, son muchas las secretarias que deben trabajar para jefes que son los principales transgresores. Lo mejor que se puede hacer frente a esta situación es intentar adaptarse a ella. Si en su oficina hay café, simule que justo en ese momento iba a buscarlo y ofrezca traerle una taza.

Uno de los aspectos más importantes de la tarea de la secretaria es arreglárselas con los cambios de humor. Si su jefe le agrada, y básicamente es una buena persona, conténtese con un jefe algo excedido en copas.

Continúe trabajando como si la situación fuera normal. Sin embargo, si el tono de voz de su jefe es demasiado alto y si está farfullando o se expresa de manera incoherente, por supuesto debe intentar que no sea escuchado por visitantes, y que no atienda llamadas telefónicas. Si a veces tiene que seleccionar las llamadas telefónicas, éste es el mejor momento para hacerlo. Inclusive podría ser conveniente cerrar discretamente la puerta de la oficina de la persona bulliciosa.

Un alumno que tuve hace un tiempo, me contó que su jefe gritaba y le dictaba cartas de tono desagradable cuando había tomado una copa de más. La solución que encontró fue la de escuchar, transcribir las cartas y guardarlas para que las firmase al día siguiente. La mayor parte de las cartas terminaban en el cesto de papeles... colocadas allí por el jefe.

Si tiene una relación estrecha y amistosa con su jefe o un compañero de trabajo, y siente que el problema es serio, le puede aconsejar discretamente que busque ayuda de un profesional. Los problemas de alcoholismo (y en algunas oficinas, los de otras adicciones) son una realidad actual en el mundo de la industria y el comercio, y se deberían conocer mejor a fin de buscarles solución.

Secretaria, escuche este último consejo. Si la invitan a participar en ese tipo de almuerzo, por supuesto rechace la invitación con amabilidad, diciendo, "Gracias, pero tengo trabajo atrasado", o inclusive, "Estoy haciendo un poco de dieta". Piense en el caos que se podría producir en la oficina si todas las secretarias se unen al grupo de los que vuelven con algunas copas de más.

EL ARTE DE DELEGAR LA AUTORIDAD

J.C. Penny, fundador de una cadena de grandes tiendas, dijo en una oportunidad: "Una de las cualidades que sin duda buscaría en un jefe es que sepa delegar correctamente ... Otra es que sepa tomar decisiones eficazmente". La falta de estas cualidades es la causa más frecuente del fracaso en el desempeño de los jefes, más que la falta de otros conocimientos prácticos.

A fin de que la oficina pueda funcionar bien, la secretaria que cumple una función ejecutiva o directiva deberá delegar algunas tareas. El arte de delegar autoridad es una habilidad adquirida que comprende métodos de ensayo y error.

Al "Sr. Amarra" se le encomendó la investigación sobre una licitación para un contrato importante. Empleó tanto tiempo en actividades administrativas y de personal, por no haberlas delegado en otros empleados, que le faltó tiempo para hacer su propia investigación. El resultado fue que no se cumplieron los plazos y la compañía perdió la licitación.

Aquellos que ocupan posiciones de management deben aprender rápidamente cómo delegar la autoridad a fin de evitar frustraciones, úlceras y dolores de cabeza. Si le han pedido que se encargue de un proyecto importante, que obtenga fondos para el acto de beneficiencia que realiza el jefe, que organice la fiesta de la oficina, o simplemente tiene que delegar algunas de sus responsabilidades, tome en cuenta las pautas siguientes:

- Primero, evalúe el alcance global, incluido el objetivo último, de la tarea. Clasifique los trabajos en rutinarios, de personal y para los que se deben tomar decisiones. Esto le ayudará a decidir cuáles son los empleados que mejor se adaptan a las tareas específicas.
- Logre que las personas elegidas se sientan motivadas, compartiendo su entusiasmo y demostrando que confía en ellas. Fomente el sentimiento de autoestima, haciéndoles sentir que valen. Una actitud positiva prepara el escenario para resultados positivos.
- Asegúrese de que comprenda cuáles son los objetivos a cumplir, y controle continua pero discretamente los adelantos realizados.
- Cuando haya tomado una decisión, tranquilícese y deje que el subordinado se maneje de manera independiente y por su propia iniciativa. ¿Cómo se sentiría si su jefe le pide que haga un trabajo, y luego interviene y lo hace él mismo? A nadie le agrada sentir que no le tienen confianza.

El hecho de delegar, al igual que otras actividades, se transforma en un hábito si uno se ejercita lo suficiente. Deleguen, secretarias, DELEGUEN.

CONCENTRACION, LA CLAVE DEL EXITO

Todos tienen esperanzas de progresar. Si usted está pendiente de un ascenso o de un aumento de sueldo, hay cosas que puede hacer para que su presencia se note. Mire a su alrededor, y verá que los que tienen éxito tienen la habilidad de estar alertas para ocuparse de las tareas que son necesarias.

El lugar para comenzar es su propio lugar de trabajo. Lo primero que debe tener es un escritorio ordenado y archivos bien organizados. Asegúrese de que sus artículos de oficina sean los mejores. Es imprescindible contar con un asiento cómodo y una iluminación adecuada. Necesita mucho silencio, el máximo que pueda lograr. Si tiene la suerte de tener una oficina con una puerta, ciérrela. Si se encuentra dentro de un espacio abierto, puede transmitir con su cuerpo a los demás empleados el siguiente mensaje, "Quiero estar sola", y esto por sí sólo producirá silencio en el área en que usted está trabajando.

Si empieza a trabajar temprano, podrá organizar su día sin ser molestada. Comience el día con pequeñas tareas que se pueden terminar fácilmente. De este modo, establecerá una actitud que puede describirse como "Yo consigo terminar mis tareas" para el resto del día.

La concentración es una técnica adquirida, y que todas las personas de éxito aprendieron a dominar. Divida cada trabajo en partes manejables. Esboce los pasos que necesita seguir para completar la tarea; buscar en el archivo, conseguir informes de otros departamentos, ver a ciertas personas, programar los horarios, realizar investigaciones. Mientras planifica estos pasos, automáticamente prestará atención al tema.

Una vez que ha comenzado a producir, no se detenga. La gente demasiado a menudo se relaja y se sienta a contemplar con placer cada paso hacia adelante. De esta manera su estado de ánimo se modifica y pierde concentración. Siga adelante. Termine lo que comenzó. Si abandona una tarea justo en el momento en que el proyecto empieza a tomar forma, perderá el ritmo, que es difícil de recuperar.

Empuje los temas intrascendentes fuera de su mente. Si está trabajando con mucha eficiencia, encontrará que la concentración llega sola. Ya no necesita hacer un esfuerzo. El éxito en lo que se propone llegará, también, naturalmente. La habilidad para concentrarse es una de las claves de ese éxito.

LA RECETA PARA LA PROMOCION

Todos deseamos avanzar en la carrera que hemos elegido. Pero el hecho de ir para adelante no es algo que sucede porque sí. Hay razones por las cuales ciertas personas son ascendidas y otras se quedan haciendo trabajos superfluos para siempre. Cada persona que forma parte de una organización tiene puntos fuertes y puntos débiles, que afectan sus posibilidades de promoción.

Tómese un tiempo para evaluarse a sí misma, al trabajo que se encuentra realizando, y al puesto que quiere alcanzar. Considere qué cosas debería y podría hacer para mejorar su desempeño. Enfren-te sus debilidades. Aprenda a aumentar sus conocimientos. Quizá siente que está haciendo todo lo posible, pero, ya que nadie es perfecto, siempre hay maneras de mejorar el desempeño.

- Primero, asegúrese de que las personas que pueden ayudarle a ascender, sepan que desea ser promovida. Esto es algo que muchas personas dan por supuesto. "Es obvio que quisiera un puesto mejor". ¿Cómo puede saber esto su jefe? ¿Le ha dicho que querría ascender en la compañía? Es demasiado frecuente que un puesto que usted podría haber ocupado, sea ocupado por otro porque todos los implicados pensaron que a usted no le interesaba.
- Sea visible. Debe ser evidente que está cumpliendo con su trabajo. Si fuera necesario, quédese en la oficina después de hora. Demuestre entusiasmo por lo que hace. Nadie la va a promover si parece aburrida y apática.
- Tome la iniciativa. Mientras investiga su puesto actual, busque maneras de tener más control y producir más para la compañía. ¿Que habría que hacer que no se está haciendo? Hágalo. La persona tímida, que tiene miedo de actuar si no le dicen lo que debe hacer, no será promovida; pero con esto no queremos decir que se rebele y obre sin hacer caso de los reglamentos y la política de la compañía.
- Haga sugerencias y póngalas por escrito. Esto demuestra que está pensando en su trabajo y en el bienestar de la compañía. El hecho de poner por escrito sus ideas es una manera de asegurarse de que le reconozcan sus méritos.
- Termine su trabajo a tiempo. Los PLAZOS son IMPORTANTES. Usted

deberá demostrar que puede trabajar bajo presión. Para la persona que está detrás de una promoción, no es importante perderse algunas de las pausas para ir a almorzar.

- Ofrezca ayuda a sus compañeros de trabajo. A un empleador le agrada ver a su gente trabajar en equipo. Recuerde que si recibe una promoción, necesitará el apoyo de sus anteriores compañeros.
- Tenga una buena relación con todos los miembros del staff. Puede que esté compitiendo con varios de ellos por un puesto, y podría ocurrir que no lo consiga. Si evitó calumniar y chismorrear, podrá trabajar sin problemas con la persona que fue ascendida, y los jefes no habrán dejado de percibir que usted es una persona amable y colaboradora.
- Participe en las actividades comunitaras auspiciadas por la compañía. Hágase socio de organizaciones profesionales.
- Solicite participar en seminarios relacionados con su actividad. Aproveche las oportunidades de realizar cursos para mejorar sus aptitudes.
- Mantenga todas las puertas abiertas. Nunca limite sus oportunidades. Quizá el nuevo puesto que le ofrecen no es el que usted quiere, pero antes de rechazarlo, analice si dicho puesto le ofrece oportunidades de progreso. El camino hacia la cima no siempre sigue una línea recta. Es posible que su camino hacia arriba, tenga algunos trechos zigzagueantes.

La persona que asciende en cualquier corporación se esfuerza para ello. Tomar la iniciativa, asumir responsabilidades, tratar de manera justa a los demás, y de-mostrar un interés genuino en el bienestar de la compañía, son las mejores maneras de conseguir un ascenso.

COMO PEDIR UN AUMENTO DE SUELDO

¿Asume usted nuevas responsabilidades, tiene un desempeño excepcional, y sus compañeros, como así también su jefe, la felicitan por su trabajo? ¿Siente que ya ha llegado el momento de recibir un aumento de sueldo, pero no sabe cómo tocar el tema? La época en que el tema de los sueldos era tabú durante una entrevista o inclusive cuando se acercaba el momento de los aumentos, se terminó hace mucho. Todos trabajamos por un sueldo. Es un hecho natural sentirse orgullosa de trabajar cuando recibe una mejor paga.

A menudo los jefes están tan ocupados que se olvidan de los planes de incentivo y los aumentos periódicos de sueldo que prometieron. Muchas veces ni siquiera saben cuánto ganan sus secretarias o cuándo es el momento de aumentar los sueldos, y posiblemente agradezcan el hecho de que se lo recuerden. El punto fundamental es que si le prometieron un aumento de sueldo para una fecha específica, y esa fecha llegó y pasó, y no sucedió nada, entonces le corresponde a usted mencionar el tema. Si tiene iniciativa para realizar otras tareas en la oficina, seguramente también tendrá iniciativa para pedir un aumento.

Si la compañía tiene políticas y especificaciones para evaluar los sueldos y para los aumentos, le conviene familiarizarse con los mismos. Si no existe una política, consulte con su jefe inmediato y averigüe sobre los procedimientos estándar de su organización. Si su jefe le habló al principio respecto del procedimiento para otorgar los aumentos salariales, y luego no tocó más el tema, le agradecerá que se lo haga recordar. A menudo, sólo necesita un suave codazo.

Antes de evaluar el estado actual de su salario, analice las condiciones generales de su trabajo, la burocracia existente, el ambiente, y especialmente los beneficios adicionales con que cuenta actualmente. Incluso podría dividir el programa de beneficios en dos categorías: provisiones para salud y seguridad, y comodidades y esparcimiento. Veamos la siguiente lista de verificación de beneficios:

Hospitalización
Seguro de vida
Seguro médico
Indemnización para trabajadores
Seguro por incapacidad
Seguro dental
Asistencia educativa
Licencia por enfermedad
Licencia por maternidad
Centros de cuidado de día
Vacaciones
Bonificaciones de fin de año
Asociación cooperativa de crédito
Instalaciones para el almuerzo
Participación en las ganancias
Licencia por duelo
Días feriados
Licencia por asistir ante un jurado
Pausas para tomar café
Aparcamiento
Instalaciones recreativas de la compañía

¿Cuántos de estos beneficios recibe? Puede ser que falten algunos en la lista.

Discuta la situación solamente con la persona que tiene la posibilidad de asistirla. De lo contrario, pueden crearse malentendidos y resentimientos. Es probable que su jefe sea la persona que mejor conozca lo que usted vale. Los canales de comunicación entre el jefe y la secretaria deberían estar siempre abiertos. El hecho de que su jefe se entere de que disfruta de su trabajo y que está interesada en obtener más recompensas, así como más responsabilidades, no causará ningún daño. En general, una buena aproximación al tema es hablar de su futuro y su interés en la compañía, además de sus ambiciones de progreso. Mantenga a rajatablas una actitud profesional, y no se muestre herida u ofendida porque no recibió un aumento. La amenaza de "marcharse" si no recibe un aumento solamente puede calificarse de indecorosa y algo que está por debajo de los principios de la secretaria profesional.

Demuestre un interés sincero en lo que le comenta su jefe respecto de un reajuste. A menudo, no se pueden otorgar aumentos debido a las condiciones financieras de la compañía. Las nuevas empresas que acaban de comenzar sus actividades, están inmersas en la lucha por el éxito, y las recompensas para los empleados llegarán más tarde. Si le parece que ha llegado el momento apropiado, usted tiene derecho de pedir un reajuste salarial. Pregunte con orgullo y amablemente, y luego rece para que se lo concedan.

Parte V

La secretaria se mantiene bien informada

11 INFORMACION, FUENTES Y RECURSOS

Una pequeña biblioteca que cada año crece, constituye una parte honorable de las posesiones de un hombre. Una biblioteca no es un lujo. Es una de las necesidades para una vida plena.

Henry Ward Beecher

LECTURA PROFESIONAL

La automatización continúa produciendo cambios en el ambiente de la oficina, a tal punto que leer es un imperativo para las secretarias que quieren continuar estando bien informadas y desempeñar sus tareas con mayor eficacia. Debido a que hay tanta información disponible, y que, en su mayor parte, es muy técnica, es fundamental aprender a seleccionarla. Publicaciones profesionales para secretarias, boletines de noticias, revistas, manuales de consulta actualizados, y muchas otras, merecen su atención. Además, es aconsejable conseguir literatura más amplia, que tenga que ver con su empresa o industria.

FUENTES DE CONSULTA PARA SU OFICINA

En ninguna oficina debe faltar una biblioteca de consulta, aun cuando sea muy modesta, y ocupe solamente un estante de su armario. Enumeramos a continuación algunos de los materiales de consulta que las secretarias pueden encontrar de utilidad.

- Diccionario (en lo posible de la Real Academia Española).
- Manual de procedimientos de la compañía.
- Manual de consulta corriente para secretarias.
- Manual del usuario (guardar cerca del equipo).
- Enciclopedia.
- Diccionario de taquigrafía.
- Manual de diferentes estilos de tipeo (los procesadoras de texto no conocen todas las reglas).
- Calendario (con datos históricos, políticos, económicos, geográficos y sociales).
- Atlas (especialmente para la oficina que tiene negocios con muchos países).
- Guía de embarques y guía postal.
- Directorio telefónico.
- Guías de viajes de líneas aéreas, hoteles/moteles y oficinas de alquiler de coches.
- Fuentes de información crediticia y financiera.
- Folletos de la compañía.

BOLETIN DE NOTICIAS: UNA FUENTE CRECIENTE DE INFORMACION

Una fuente de información, a la que se acude cada vez más para que el personal esté actualizado con respecto a los últimos avances y tendencias tecnológicas, es el boletín de noticias. Aparte de tener la función de leer, las secretarias, especialmente las que hoy en día tienen que hacer edición desk top en la oficina, probablemente tengan también que preparar los boletines de noticias, distribuidas por su propia oficina.

Si usted debe encargarse de preparar los boletines de noticias para su compañía, comience por tomar en cuenta las pautas siguientes:

- Defina el propósito del boletín de noticias (por ejemplo, fomentar un buen espíritu de equipo en la compañía, fomentar las relaciones públicas/publicidad, proveer información que ayude a mejorar el desempeño).
- Determinar quiénes son sus lectores (por ejemplo, los miembros del staff de su organización, los clientes, los socios).
- Al preparar el contenido, tenga en mente a los lectores. El material que se incluye en un boletín de noticias debe ser oportuno, informativo y pertinente. Por ejemplo: un boletín de computación de la compañía debe informar a sus lectores respecto de programas especiales de software y sus aplicaciones y usos, técnicas de reparación, y cómo solucionar problemas mediante dichas técnicas, nuevo hardware disponible, nuevas tecnologías, etc.

COMO SE PREPARA EL BOLETIN DE NOTICIAS

- ¿Se ejecutará la parte gráfica (composición/tipeo, fotos, ilustraciones, logos, etc.) y la impresión en la oficina?
- ¿Se producirá en la compañía solamente la parte gráfica, y la impresión se realizará afuera, en una imprenta?
- ¿Se realizará tanto la parte gráfica como la impresión en un taller de gráfica?

CONSEJOS PARA PREPARAR DENTRO UN BOLETIN INTERNO

- Utilice márgenes generosos, y artículos individuales escritos a un solo espacio, con doble espacio entre los párrafos.
- Los párrafos y los artículos deben ser breves e ir directamente al grano.
- Para escribir los títulos, encabezamientos, palabras y frases clave, use negrita y letras más grandes.
- Si en su empresa hay disponbile software para la parte gráfica, le será de utilidad para preparar bosquejos y cuadros que presenten un aspecto más agradable.

ESPECIFICACIONES PARA LOS BOLETINES DE NOTICIAS

- Imprima sobre papel de 20 x 27 cm; es fácil de manejar y de enviar por correo.
- Imprima sobre ambos lados del papel.
- Determine el método de distribución: correo privado, entrega en mano, por correo, u otro.

Existen muchas formas sencillas de

mejorar el boletín de noticias. Además de que pueda estar mal redactado, contener inexactitudes, y errores gramaticales y de signos de puntuación, se debe estar alerta para descubrir todos los defectos que puedan afectar la calidad del mismo. Por ejemplo:

- Que el tamaño de la versión final se haya reducido demasiado, por lo cual resulta de difícil lectura.
- Reproducción inadecuada. Si el mecanografiado es poco claro o sucio, o si el proceso de reproducción es ineficiente, la versión final tendrá un aspecto descuidado.
- Diagramación mal concebida. La distribución del texto, las ilustraciones, y los espacios en blanco, deben estar elegantemente equilibrados.
- La tipografía utilizada para los encabezamientos no es coherente. Por ejemplo: algunos títulos están puestos en negrita, y otros no, o se utilizó una variedad demasiado amplia de tipos.
- Mala resolución de la continuación de los artículos: resultan muy difíciles de hallar, están ubicados en los lugares equivocados, o no existe referencia alguna que indique dónde continúan.
- Márgenes derechos injustificados. Si con eso se mejora el aspecto de la versión final, no tenga miedo de separar una palabra.
- No incluir la identificación. En los boletines de noticias que se envían con franqueo pago, se debe incluir, en algún lugar dentro de las primeras cinco páginas, el nombre del editor, la dirección, el número de la publicación y del volumen, cada cuánto se publica, la fecha, la oficina de correos donde se paga el franqueo, y el precio

de la suscripción.
- Un aspecto en general poco profesional: ser poco claro, demasiado gracioso, o demasiado rudimentario.

LISTAS DE MAILINGS, OTRO FENOMENO

Con el rápido crecimiento del correo masivo, los servicios especializados de marketing por correo directo, mediante los cuales se procesan y despachan anualmente más de 200 millones de cartas por correo directo, constituyen un nuevo fenómeno con que se enfrentan las secretarias.

Poder dar curso a tal cantidad de cartas es otro adelanto que el desarrollo de las capacidades del ordenador hizo posible. Una lista de mailing puede adaptarse a las necesidades de su empresa y puede llegar virtualmente a cualquier público, desde todos los abogados de corporaciones residentes en Tunisia hasta todos los estudiosos de gemas en la ciudad de México, mediante la verificación de categorías específicas de información incluidas en el ordenador, tales como la geografía, la industria, el tamaño, el alcance, la condición, etcétera.

Si en su oficina se está desarrollando por primera vez una campaña de correo directo, es conveniente que considere los siguientes aspectos:

- Si está recopilando su propia lista de mailing y ha agotado todas las fuentes de información, puede recurrir a una agencia de listas o a uno de los servicios de marketing por correo directo.
- Mientras está preparando las listas, es conveniente planificar por anticipado. Todos los datos incluidos en las listas

deben ser completos, tales como los códigos postales y los números de teléfono. Se gana tiempo almacenando todos los datos al mismo tiempo en el ordenador.

- Si está recopilando la lista dentro de la organización, un consultor de ordenadores le puede proveer información respecto de bases de datos de software, que le ayudarán a simplificar el manejo de la campaña de correo directo.
- Existen cuatro formatos básicos entre los que puede elegir para sus envíos:
    (a) Los discos "floppy", con los que puede imprimir con su propio ordenador; son aptos para grandes envíos y mailings repetidos.
    (b) Etiquetas impresas por ordenador, ya preparadas; también son útiles para envíos muy voluminosos.
    (c) Etiquetas preimpresas en papel común y de poco precio
    (d) Etiquetas autoadhesivas para mailings.
- Las listas de mailing deberían depurarse varias veces por año (por lo menos dos). Cuando lo haga, elimine los nombres y los datos que figuran repetidos en la lista. Mediante el sistema de comparación de códigos, que tiene letras o símbolos, se depuran automáticamente los datos superfluos.

126

12 REPASO RAPIDO Y SENCILLO: ORTOGRAFIA, SIGNOS DE PUNTUACION Y GRAMATICA

Algunos instintos poderosos, y algunas reglas sencillas.

William Wordsworth

Toda secretaria debería conocer las reglas de ortografía, gramática, signos de puntuación y modo de uso. La verdadera profesional es la que aplica estas reglas constantemente, todos los días.

GRAMATICA: EL HOYO DE ARENA DE LA SECRETARIA

Hoy en día la secretaria debe tomar dictados, resumir asambleas, hacer escritos propios (gacetillas, publicidades, cartas). La ausencia de errores (ortográficos, sintácticos y semánticos), la claridad y el cuidado del estilo son esenciales en estas redacciones, por lo tanto es indispensable que maneje con soltura estos aspectos.

No confíe excesivamente en su programador de textos: es verdad que todos ellos contienen un corrector automático de ortografía y, muchas veces un diccionario de significados y otro de sinónimos. Pero los correctores automáticos no comprenden su texto, por lo tanto dan por válida toda palabra bien escrita, aunque en el lugar en que usted la puso carezca de sentido. ¿Cómo sabría su corrector si usted quiso escribir *haya* y sin embargo usó

halla? Del mismo modo, si usted emplea *desapercibido* (desprovisto, desprevenido), en lugar de *inadvertido* (no advertido, no notado), su ordenador callará. Y el lector de su texto, puede no comprender su mensaje y/o pensar que usted no domina el castellano.

Dos cosas son indispensables para establecer una relación más amistosa —y provechosa— con el idioma: la recuperación de las reglas elementales de ortografía y gramática, y el uso de un buen diccionario. Recomiendo, naturalmente, el de la Real Academia Española con todos sus apéndices de actualización ya que la lengua, por estar viva, cambia en forma permanente.

Si tiene muchas fallas ortográficas, poca memoria visual y es insegura, mantenga también un ejemplar de este libro en su oficina: podrá consultar este capítulo cada vez que tenga una duda, remitirse a él cuando sostenga una discusión lingüística con algún compañero y, aun cuando ya no lo necesite, utilizarlo para sentirse respaldada.

QUIEN LE TEME A LA ORTOGRAFIA

Las reglas ortográficas del castellano son pocas, claras y simples. Si bien —como toda norma que se precie de tal— tienen sus excepciones, verá que son más fáciles de retener que lo que usted pudo creer cuando las estudió en la escuela, bajo la presión de los exámenes y sin otro propósito que el de aprobarlos.

Ahora que usted es adulta y tiene el objetivo preciso de comunicarse y lucirse a través de sus escritos, que serán considerados un reflejo de su personalidad, buen gusto y cultura, deje de lado sus prejuicios infantiles y:

- Léalas con atención, comprendiendo antes de intentar memorizar.
- Encare una regla por vez, y no salte a la siguiente hasta no estar segura de dominarla y haber practicado sus conocimientos.
- No pase ninguna por alto con el pretexto de que eso ya lo sabe: puede llevarse alguna sorpresa.
- Comience ya mismo; dejarlo para el próximo lunes es una táctica de muy malos resultados.

PONGALE EL ACENTO... DONDE CORRESPONDE

Todas las palabras tienen acento. El acento es el énfasis con que pronunciamos una determinada sílaba de cada vocablo, y rara vez nos equivocamos al hablar. Donde sí podemos errar, es en la colocación del *tilde*, nombre que adquiere el acento cuando se señala por escrito.

Antes de analizar cuáles palabras llevan tilde y cuáles no, repasemos su clasificación en cuanto al acento. En castellano existen cinco clases de palabras en este sentido:

- Monosílabas: el acento recae en el único lugar posible, su única sílaba (_/) .
- Agudas: el acento recae en la última sílaba (_ _ _/) .
- Graves: el acento recae en la anteúltima sílaba (_ _/ _) .
- Esdrújulas: el acento recae en la antepenúltima sílaba (_/ _ _) .
- Sobreesdrújulas: el acento recae antes de la antepenúltima sílaba (_ _/ _ _ _) .

Y AHORA, EL TILDE

Vamos a circular ahora en sentido inverso, desde las sobreesdrújulas hasta las monosílabas, esto es de menor a mayor dificultad, porque:

Las *sobreesdrújulas* llevan tilde **siempre**. Ej.: únicamente.
Escriba a continuación ejemplos de palabras sobreesdrújulas ¡sin olvidar el tilde!

_____   _____   _____
_____   _____   _____
_____   _____   _____

Las *esdrújulas* también llevan tilde **siempre** Ej.: imágenes.
Escriba sus propios ejemplos.

_____   _____   _____
_____   _____   _____
_____   _____   _____

Las *graves* llevan tilde cuando **terminan en una letra distinta de 'n', 's' o vocal; cuando terminan en 'n', 's', o vocal, <u>no</u> llevan tilde**. Ej.: ágil/masa.
Escriba ejemplos de palabras graves con tilde.

_____   _____   _____
_____   _____   _____
_____   _____   _____

Y de palabras graves sin tilde.

_____   _____   _____
_____   _____   _____
_____   _____   _____

Las *agudas* son inversas a las graves. Llevan tilde cuando **terminan en 'n', 's' o vocal, y no lo llevan cuando terminan en cualquier otra letra**. Ej.: camión/pared.
Escriba ejemplos de palabras agudas con tilde.

_____   _____   _____
_____   _____   _____
_____   _____   _____

Y de palabras agudas sin tilde.

_____   _____   _____
_____   _____   _____
_____   _____   _____

Las *monosílabas*, como regla general, **nunca** llevan tilde. Sucede que, como existen muchos vocablos de una sola sílaba que tienen dos o más significados y funciones gramaticales, algunos de ellos se diferencian de sus "mellizos" gracias al tilde.

Ej.:

de (preposición)	dé (inflexión del verbo dar)
te (pronombre personal)	té (infusión)
mi (adjetivo posesivo)	mí (pronombre personal)
si (conjunción condicional)	sí (adverbio de afirmación)
si (nota musical)	(pronombre personal reflexivo)
mas (conjunción adversativa, equivalente a pero)	más (adverbio de cantidad)
el (artículo)	él (pronombre personal)
se (pronombre)	sé (inflexión del verbo saber o ser)
tu (adjetivo posesivo)	tú (pronombre personal)
aun (con significado de "hasta", "también", "inclusive". "siquiera")	aún (cuando significa "todavía")

NOTA: el pronombre **ti** nunca lleva tilde, ya que cumple una sola función.
En las oraciones siguientes, agregue los tildes que correspondan.

Te invito a tomar el te el viernes. Es mas importante para ti que para mi, como comprenderás. Aun cuando se que estás muy ocupada, te ruego que si puedes me contestes hoy, porque a mi vez debo avisarle a...el, tu ya sabes de quién se trata, si has dicho que si o que no.

Termine de redactar la esquela, utilizando monosílabos con y sin tilde.

_____

_____

_____

_____

_____

EL TILDE SEGUN LA FUNCION GRAMATICAL DEL VOCABLO

Así como sucede con algunos monosílabos, el tilde sirve para diferenciar palabras de escritura idéntica y función sintáctica distinta. Es el caso de:

- los famosos **como, cual, quien, cuando, que, cuanto**, que llevan tilde cuando son *interrogativos, exclamativos o, simplemente, enfáticos*, y no llevan cuando funcionan como *adverbios o pronombres no enfáticos*: ¿Cuándo sucedió? Cuando era niño.
- Y de los no menos famosos **este, ese, aquel, sus femeninos y plurales**. Estos pueden funcionar como adjetivos, acompañando al sustantivo (este concierto), en cuyo caso **nunca** llevan tilde, o como pronombres, reemplazando al sustantivo (elijo éste), en cuyo caso llevan tilde **únicamente si su ausencia induce a confusión**.

NOTA: El neutro **esto** nunca lleva tilde, ya que no existe ningún vocablo con el cual confundirlo.

- También se usa el tilde para diferenciar el adjetivo **solo** (el hombre solo) del adverbio **sólo** (sólo así lo haría).

Agregue el tilde cuando crea que corresponde:

Pienso que no sabes que estás haciendo. ¿Como aceptar que, cuando ya habías logrado tu objetivo, arriesgues todo cuanto amas por este capricho ridículo? Solo estando loco pudiste haber hecho algo como esto.

Asuma el papel del increpado, y conteste:

_____
_____
_____
_____

DE UNIONES Y RUPTURAS: DIPTONGO Y HIATO

Usted ya sabe que cuando una vocal abierta (a-e-o) se encuentra con una cerrada (i-u), o estas últimas se encuentran entre sí, nace un romance al que llamamos *diptongo*, gracias al cual dichas vocales se unen en matrimonio formando *una sola sílaba*...hasta que el acento las separe. En palabras como cuan-do, reu-ma, cau- ce, vai-na, cuo-ta, rom-pió, cui-ta, pié-la-go, no hay terceros en discordia. Cuando el acento recae sobre la vocal abierta, con o sin tilde según la regla general de la acentuación, o en la segunda de las cerradas, la unión persiste: se siguen pronunciando en una sola emisión de voz.

Pero hay casos en que el acento recae sobre la vocal cerrada, o sobre la primera de dos cerradas; entonces nuestra pareja se divorcia en dos sílabas distintas —lo que se llama *hiato*— y debe señalarse este hecho con un tilde. Ej.: pa-ís, le-í-do, e- va-lú-o. Obsérvese que en palabras con hiato, puede no cumplirse la regla general de acentuación, ya que es posible que una grave terminada en vocal, como evalúo, lleve tilde.

Recuerde que una **h** interpuesta en la pareja, no cambia las cosas:
en *prohibir*, el diptongo se mantiene; en *prohíbo*, el hiato debe señalarse con el correspondiente tilde.

NOTA: Todas las voces del verbo licuar conservan el diptongo (licuo).
Lo mismo que para el diptongo, rige para el triángulo amoroso llamado *triptongo*: permanecerá unido en vocablos como a-ve-ri- güéis, a-pre-ciáis, y se separará en otros como ve-ní-ais, na- rra-rí-ais.

Y POR ULTIMO

- Conservan su tilde las formas verbales que lo llevan, aun cuando se pronominen: dejó/dejólo. También los adjetivos cuando se convierten en adverbios agregándoles -mente: **único**/**únicamente**.

- Lo pierden, en cambio, las palabras que se convierten en primer miembro de un vocablo compuesto: décimo/decimoprimero, así/asimismo, río/rioplatense.
- Existen palabras con doble acentuación, ambas correctas. Recuerde, si las utiliza, aplicar un solo criterio, es decir acentuarlas siempre de la misma manera a lo largo de todo el texto. Ej.: período/periodo; cardíaco/cardiaco; autódromo, velódromo, aeródromo/autodromo, velodromo, aerodromo.
- En cambio, hay otras palabras que suelen acentuarse mal por hábito. Con ellas no se puede optar, sino elegir la forma correcta. Las que con más frecuencia ofrecen dudas son:
  mitin: es palabra grave, sin tilde;
  mítines: es palabra esdrújula, con tilde;
  intervalo: es palabra grave, sin tilde;
  miriada: es palabra grave, sin tilde; -ia- es diptongo, no hiato;
  conclave: es palabra grave, sin tilde;
  carácter: es palabra grave, con tilde;
  caracteres: es palabra grave, sin tilde;
  imagen, examen y otras palabras graves terminadas en -n, por lo tanto sin tilde, suelen tildarse por contagio de sus plurales esdrújulos (imágenes, exámenes).

TRABAJE UN POQUITO MAS

Revise todo lo dicho sobre acentuación y demuéstrese sus conocimientos colocando los tildes faltantes en el siguiente texto.

¿Cual es el pabellon que enarbolamos ahora? Una busqueda mas amplia, no solo de una vida mejor, sino ademas de una existencia mas dichosa. (...) Tenemos una confianza ciega en la capacidad de los expertos, pero ¿cual de ellos nos prestaria atencion?

Ahora transcriba las cuarenta y una palabras utilizadas, distribuyéndolas en las dos columnas que siguen. Explique por qué tienen o no tilde cada una de ellas.

Palabras con tilde	Palabras sin tilde
cuál: interrogativo	es: monosílabo
_____	_____
_____	_____
_____	_____
_____	_____
_____	_____

¿CON QUE SE ESCRIBE...?

La duda nos asalta, ya sea porque nunca lo pudimos aprender; porque no leemos con la debida atención; porque se nos graban los errores que desgraciadamente se publican, en especial en periódicos y revistas; porque no tenemos memoria visual, o porque hemos estudiado otro idioma y nos confundimos. Pero peor aún, a veces ni siquiera tenemos dudas, pero nos equivocamos. Porque no nos importa; porque creemos que a nadie importa; porque confiamos en el corrector automático del ordenador, o por la razón que sea. Pero lo cierto es que muchos escritos quedan con errores de ortografía, y eso es inadmisible para su autora y para la empresa u oficina que ella representa.

De manera que, tal como lo hicimos con los acentos, vamos a trabajar ahora con los fonemas que se pronuncian igual pero se representan con letras diferentes. Su uso erróneo no sólo nos desprestigia, sino que también puede cambiar —o hacer incomprensible— el sentido de un texto.

¿CON 'S', 'C', O 'Z'?: UN DILEMA PARA HISPANOAMERICANOS

En efecto, sólo en España se distinguen por su pronunciación la 's' de la 'c' y la 'z'. Para todo el resto de hispanohablantes, ya sean argentinos, mexicanos o chilenos, el empleo de estos tres fonemas es confuso. ¿Lo aclaramos?

Se emplea la c
- Ante 'a', 'o', 'u', ante consonante y al final de palabra, con sonido de **k**: callar, acoso, cuna, clave, criar, cinc.
- En los derivados en 'e'/'i' de palabras que se escriben con 'z': lápices (< lápiz), felicidad (< feliz), comience (< comenzar).
- En las terminaciones **-acia, -acie, -acio, -ecia, -ecie, -ecio, - icia, -icie, -icio, -ocia, - ocio, -ucia, -ucio** : farmacia, reacio, Suecia, inicie, argucia .
  Excepciones: Asia, gimnasio, iglesia, magnesia, adefesio, alisio, Prusia, Rusia.
- En las terminaciones **-ancia, -ancio, -encia, -encio, -incio, - oncia, -oncio, -uncia, - uncio**: fragancia, licencia, renuncia. Excepciones: ansia, hortensia.
- En las terminaciones **-ción** de los vocablos en cuya familia se encuentran palabras terminadas en -to, -tor, -do, -dor: relación (< relato, relator), canción (< canto, cantor), acción (< acto, actor), donación (< donado, donador).

Escriba ejemplos propios de estas normas.

_____   _____   _____
_____   _____   _____
_____   _____   _____
_____   _____   _____
_____   _____   _____
_____   _____   _____

Se escriben con z

- Los sustantivos terminados en **-eza** que deriven de adjetivos: vil**eza** (< vil), bell**eza** (< bello).
- Las palabras terminadas en **-azo, -aza** cuando dicha terminación señala *aumentativo, despectivo o golpe*: man**aza**, hach**azo**.
- Las palabras terminadas en **-izco, -uzco** (con significado de *color o tendencia*); **-izo** (con significado de *cualidad, tendencia u ocupación*); **-uza** (*despectivo*); **-ezno** (*diminutivo*); **-zón** (en nombres de *procedencia verbal*): negr**uzco**, gent**uza**, lob**ezno**. Excepciones: pardusco, verdusco.
- Los nombres **agudos** terminados en **-az**: rap**az**, cap**az**, ver**az**. Excepciones: gas, compás, aguarrás.

Anote sus ejemplos.

Se escriben con s

- Los adjetivos terminados en **-oso**: hermoso, grandioso.
- Los sustantivos y adjetivos terminados en **-aso, -asa, -eso, - esa**: Paso, casa, queso, obesa.
  Excepciones: brazo, rezo, raza y la terminación **-azo** con significación de golpe, aumentativo o despectivo.
- Los vocablos terminados en **-uso, -usa**: abuso, confusa.
- Los adjetivos terminados en **-esco, -esca**: caballeresco, grotesca.
- Los sustantivos terminados en **-asco, -asca**: casco, vasca.

Busque ejemplos.

Repase el punto y complete con 's', 'c' o 'z', según corresponda, el texto siguiente.

La ganan_ia no había sido grandio_a, pero con las dona_iones se podía completar la suma. Estaban feli_es con la magnificen_ia con que algunos habían respondido, por ejemplo Teren_io, el capata_, que fue uno de los más genero_os aunque no nadaba en la abundan_ia. En fin, lo que pudo haber terminado en desgra_ia, a causa de la torpe_a de Fabri_io, fue solu_ionado por la reac_ión caballere_ca de otros y la inteligen_ia de los demás.

USO DE LA 'V' Y LA 'B'

Debe emplearse la letra v
- En las palabras que terminan en **-ava, -ave, -avo, -eva, -eve, - evo, -iva, -ivo**: ochava, activa.
  Las excepciones a esta regla son muchas, y le conviene recordarlas: árabe, sílaba, aldaba, haba, traba, cabe, jarabe, cabo, nabo, rabo, manceba, prueba, plebe, sebo, cebo, arriba, escriba, jiba.
- En las palabras que comienzan con la sílaba **ad-**: advenimiento, adverbio, y con la partícula **in-**: invierno, invocar.
- Después de los sonidos **lla-, lle-, llo-, llu-**: lluvia, lleva.
- Después de **pra-, pre-, pri-, pro-, pol-**: depravado, polvo.
  Excepciones: prebenda, probar, probeta, probo.
- En las palabras compuestas con **vice, villa, villar**: vicedirector, villano, ovillar.
- En las palabras terminadas en **-viro, -vira, -ivoro, -ivora**: herbívoro.
  Excepción: víbora.

Escriba ejemplos.

En cambio, se usa la b
- Antes de consonante: obcecado, bravo.
- En la terminación **-ba** del Pretérito Imperfecto de Indicativo de *ir* y de los verbos de primera conjugación: iba, amaba, cantaba.
- En las palabras que comienzan con **bibl-, bu-, bur-, bus-, aba-, abo-, abu-, bi-**: buscar, ábaco, bisiesto.
- En las palabras que terminan en **-bilidad, -bunda, -bundo, -laba, -labo**: habilidad, meditabundo, sílaba.
  Excepciones: movilidad, civilidad.

- En los verbos terminados en **-bir**, sus inflexiones, derivados y compuestos: subir, concibió, recibido.
  Excepciones: hervir, vivir, servir, sus inflexiones, derivados y compuestos.
- En las voces y derivados de **caber, saber, beber, deber y haber**.

Complete:

a_urrido; tenta_a; perci-ió; na_e; escla_o; decisi-o; posi_ ilidad; a_andonado; _i_lio-grafía; a-rupto; carní_oro; nausea_undo; ará_igo; _urlador; sir-iente; pro_ado; mó-il; ví_ora.

Redacte un texto utilizando palabras con 'b' y 'v' que respondan a las normas o sus excepciones.

_____
_____
_____
_____

LA 'G' VS. LA 'J'

Se escriben con g

- Las voces en que, con sonido **suave**, preceda a consonante, 'a', 'o,' 'u', 'ue', 'ui': dogma, gala, guerra, guiso.
  NOTA: Cuando en los grupos 'gue', 'gui' la 'u' intermedia debe sonar, lleva diéresis para indicarlo: lingüística.
- Los verbos terminados en **-igerar, -ger, -gir** y todas sus inflexiones y derivados, excepto en los grupos **ja, jo**: aligerar, proteger (pero protejo, proteja), transigir.
  Excepciones: tejer, crujir y derivados.
- Las partículas **gen, geo**: agencia, geología.
- Las palabras terminadas en **-gélico, -genario, -genio, -génito, - gesimal, -gésimo, -giético, -giénico, -ginal, -gineo, -ginoso, - gismo, -gio, -gión, -gional, -gioso, -gírico, -ogía, -ógico, - ígeno, -ígero** y todos sus derivados, excepto antes de 'o', 'a': margen, virginal, región, contagioso, panegírico, analogía.
  Excepciones: espejismo, salvajismo.

Se usa la j

- En los sonidos **fuertes** 'ja', 'jo', 'ju': jamón, joven, juego.
- En la terminación **-jería**: cerrajería.
- En los verbos terminados en **-jear**: forcejear
- Ante 'e', 'i' en los derivados de palabras con 'ja', 'jo' o 'ju': dejemos (< dejar).

Reponga **g** o **j** según corresponda a las normas.

La octo_enaria tenía un in_enio y una ale_ría conta_iosos. Todos los habitantes de la re_ión conocían y amaban a esta _enerosa mu_er llena de ener_ía, que aun a su edad fabricaba hermosos te_idos con sus habilidosas manos de án_el. También querían y respetaban a su primo_énito, un importante ciru_ano quien, según la ló_ica de las leyes _enéticas, era tan simpático como su madre.

LA 'H' ES MUDA, PERO...

- Se escriben con **h** las palabras que comienzan con los diptongos - **ue, -ie**, sus derivados y compuestos: huérfano, huésped, hotel, hospicio, hielo, helado.
  Excepciones: los derivados en 'o' de *huérfano* (orfanato), *huevo* (oval, óvulo, ovario) y *hueso* (osario, óseo).
- Las palabras que comienzan con un prefijo, latino o griego, que lleva 'h' en su origen:

hexa (seis)	hexágono
hepta (siete)	hepataedro
hidro (agua)	hidroavión
helio (sol)	heliotropo
hemi (medio)	hemiciclo
homo (igual)	homogéneo
homo (hombre)	homicida
hetero (distinto)	heterosexual
hiper (más)	hipertrófico
hipo (menos)	hipotensión
hipo (caballo)	hipódromo
holo (todo)	holístico

Escriba un texto utilizando la mayor cantidad posible de palabras con **h**.

_____

_____

_____

_____

PALABRAS DE DOBLE ESCRITURA

En algunos casos se aceptan como correctas dos grafías distintas para la misma palabra. En general se trata de reducciones, ya sea de reduplicación vocálica, como de grupos consonánticos. Así son igualmente válidas:

reemplazar/remplazar
transportar/trasportar
psicología/sicología
descripto/descrito

septiembre/setiembre
consciente/conciente

Tenga el cuidado de conservar una de ellas a lo largo del texto.

PARECEN IGUALES PERO NO LO SON

Una de las trampas de la lengua castellana en que caemos más fácilmente es la de los *parónimos*, palabras que tienen sonido igual o muy similar, pero escritura y significado distintos. Si utilizamos la forma que no corresponde al contexto, nuestro corrector automático no la detectará y el escrito quedará incomprensible. Cuando dude —y le conviene dudar a menudo, por lo menos al principio—, recurra al diccionario. Mientras tanto, aquí van algunos ejemplos que se ofrecen a confusión con bastante frecuencia:

haya (presente subjuntivo de haber)/halla (presente indicativo de hallar)

resumen (síntesis)/rezumen (presente indicativo de rezumar)

rosa (flor)/roza (presente indicativo de rozar)

tubo (caño)/tuvo (pretérito indefinido de tener)

valla (cerco)/vaya (presente indicativo de ir)

ralla (presente indicativo de rallar)/raya (línea, presente de rayar)

holló (pretérito de hollar)/oyó (pretérito de oír)

arroyo (corriente de agua)/arrollo (presente de arrollar)

desbastar (pulir)/devastar (destruir)

acerbo (agrio)/acervo (bienes culturales)

gravar (poner impuestos)/grabar (registrar)

hierba (pasto)/hierva (presente subjuntivo de hervir)

abrasar (quemar)/abrazar (tomar en brazos)

acechar (vigilar)/asechar (armar trampas)

cause (presente subjuntivo de causar) /cauce (lecho del río)

encausar (enjuiciar)/encauzar (conducir)

ves (presente de ver)/vez (ocasión)

si no (conjunción más adverbio)/sino (conjunción)

por qué (interrogativo)/porque (afirmativo)

de más (de sobra)/demás (el resto)

Defina las siguientes diferencias:

vello/bello:
barón/varón:
bidente/vidente:
basto/vasto:
graba/grava:
rebelar/revelar:
silba/silva:
asada/azada:
brasa/braza:
casar/cazar:
cesión/sesión:
censual/sensual:
masa/maza:
profetiza/profetisa:
medio día/mediodía:
sin vergüenza/sinvergüenza:
sobre todo/sobretodo:
sin número/sinnúmero:

SINTAXIS

La sintaxis es la forma en que se relacionan entre sí los diferentes elementos de la oración. Es correcta cuando existe concordancia —de género, número, tiempos verbales, persona— entre ellos. No es el propósito de este capítulo desarrollar una gramática castellana completa, sino aclarar algunos puntos débiles que suelen conducirnos maliciosamente hasta el borde mismo del "hoyo de arena"...y a veces nos dejan caer en él.

CONCORDANCIAS

De sustantivo y adjetivo

- Ambos deben tener el mismo género y número (niña hermosa; niños hermosos).
- En las enumeraciones
  –de sustantivos femeninos con un solo adjetivo, éste va en femenino plural (la alcoba y la cocina diseñadas);
  –de sustantivos masculinos, o femeninos y masculinos, el adjetivo va en masculino plural (la alcoba, la cocina y el salón diseñados);
  –en que el adjetivo precede a la enumeración, concuerda con el primer sustantivo (amplia alcoba, cocina y salón).
- Los sustantivos ambiguos —que aceptan ambos géneros—, como azúcar, interrogante, mar, deben ser adjetivados siempre en el mismo género (la azúcar blanca, o el azúcar blanco).
- Sólo se articulan con **el** o **un** los sustantivos femeninos singulares que comienzan con **a-** tónica (acentuada) (el alma); los sustantivos femeninos que comienzan con **a-** átona (sin acento), se articulan normalmente (la harina). Los sustantivos del primer caso (aula, águila, agua, hambre) sólo llevan en masculino el artículo singular; todos los demás adjetivos se emplean en femenino (esa aula, las águilas, hambre intensa).
- Preste especial atención a la concordancia cuando el sustantivo o los sustantivos están distantes de sus correspondientes adjetivos.

De sujeto y predicado

- Concuerdan en número (singular/ plural) y persona (primera, segunda o tercera).
  El jefe y su secretaria se encontraron en el despacho.
  Ellos (tercera persona plural)/encontraron (tercera persona plural)

  El jefe se encontró con su secretaria en el despacho.
  El (tercera persona singular)/encontró (tercera persona singular)
  En este ejemplo, 'secretaria' no pertenece al sujeto.

- Los verbos *impersonales* no tienen sujeto, por lo tanto se conjugan siempre en singular: *llovió* tres días; *hubo* miles de personas; *habrá* celebraciones; *se supo* que lo aplaudieron.
- No deben confundirse los impersonales con se, con los verbos en pasiva con se. Estos últimos sí tienen sujeto, con el cual concuerdan en número: se vende**n** casas (las casas son vendidas); se difunde**n** noticias (las noticias son difundidas).
- Cuando el núcleo del sujeto es singular, pero *significa* una cantidad de individuos y éstos están explicitados (equipo de profesionales; grupo de personas; cantidad de flores; mayoría de ellos; donde los núcleos son *equipo*, *grupo*, *cantidad*, *mayoría*), el verbo puede concordar tanto con el núcleo (en singular) como con el modificador indirecto (en plural): "El equipo de profesionales estudió el caso"/ "El equipo de profesionales estudiaron el caso".

De tiempos y modos verbales

En las oraciones compuestas, los verbos

empleados deben guardar coherencia temporal y modal entre sí.

- Siempre debe indicarse, utilizando el tiempo correspondiente, si la acción de la subordinada es anterior, simultánea o posterior a la de la principal. El caso donde más nos equivocamos: "Le pidió (pretérito indefinido) que lo haga (presente)", es una imposibilidad temporal. La forma correcta es: "Le pidió que fuera".
- El principal problema reside en el período condicional, cuya construcción correcta es:
Iré (futuro) si puedo (presente indicativo con valor futuro).
Iría (potencial simple) si pudiera (pretérito imperfecto subjuntivo).
Habría ido (potencial compuesto) si hubiera podido (pretérito perfecto subjuntivo).

Del pronombre con su antecedente

La función del pronombre es reemplazar al sustantivo, con quien concuerda en género, número, caso y persona.

- Es muy difícil equivocarse en el uso de los pronombres personales en nominativo (yo, tú, usted, él, nosotros, vosotros, ustedes, ellos), o de los demostrativos (éste, ése, aquél, sus femeninos y plurales, eso y esto), de manera que dejaremos este punto.
- El problema suele producirse con los pronombres personales en acusativo o dativo, en especial los de tercera persona (lo, le, los, les, se).
Recuerde que:
–le significa 'a él/ella' (le ha dicho [a la alumna]);
–para 'a ellos/ellas' debe usarse les (les ha dicho [a los alumnos]);

–cuando el objeto directo de una oración es **lo/la**, el objeto indirecto de **singular y plural** es **se**; como **se** no tiene plural distinto al singular, es común oír o leer que se adjudica el plural al objeto directo, transformándolo erróneamente en 'los/'las'. No se desespere, que con un ejemplo lo va a entender. En la oración "El profesor ha dado *un premio* a *sus alumnos*", 'un premio' es el objeto directo singular (equivale a **lo**) y 'sus alumnos', el objeto indirecto plural (equivale a **se**); si reemplazáramos los objetos por sus corespondientes pronombres, la oración correcta sería: "El profesor **se** (los alumnos) **lo** (el premio) ha dado".

USO DE LAS PREPOSICIONES

Son aquellas que usted recitaba en la escuela: a, ante, bajo, cabe, con...
Seguro que hoy todavía podría continuar hasta "...sobre, tras". Lo que es probable, es que no use todas correctamente.

- La que produce más conflicto es **de** antes de **que**. Para no llenarla de conceptos abstractos, sólo le daré una regla práctica: reemplace la frase que comienza con "que..." por el pronombre "eso": si cabe **de**, póngalo; si no, no. Usted tiene dos miembros: "Estoy seguro" y "que me mirará". Reemplace "que me mirará" por "eso", y reconstruya: "Estoy seguro **de** eso". Por lo tanto, la oración correcta será: "Estoy seguro **de que** me mirará".
Veamos con otros dos miembros: "Ha creído" y "que llegaría a tiempo". Reemplazando: "Ha creído eso". Por lo tanto, la oración correcta será "Ha creído **que** llegaría a tiempo".
Agregue **de** si es necesario:

Se acordó   que lo había prometido.
Pensaba   que era necesario.
Se dio cuenta   que era demasiado tarde.
Relató   que su conversación fue extensa.
Estoy convencido   que eres mi amigo.
Sabes   que debes ir.

- En las frases con "delante", "detrás", "dentro", "fuera", etc. + pronombre personal, debe usarse la estructura de **mí, de ti, de él, de nosotros**, etc. y nunca los posesivos mío, tuyo, suyo, nuestro, etc.
- Las preposiciones dudosas: ¿distinto **a** o distinto **de**? Como no hay reglas sobre esto, debemos hacer una lista, y tratar de retenerla (o, al menos, consultarla con frecuencia).

Usos correctos:
Sentarse **a** la mesa
Contar **por** los dedos
Estatua **de** bronce
Buque **de** vela
Ingresar **en** la escuela
Desde ese punto de vista
Con la perspectiva
Afición **a** la música
Sobre la base *de*...
Persuadir **a** o **para** hacerlo
Rehusar competir
De arriba abajo
Graduarse **de** ingeniero
Ir **a** la casa **de**...

UTILIZANDO EL GERUNDIO

- El gerundio es una forma verbal no conjugable, que se compone agregando las terminaciones -ando, -iendo a la raíz (am-ando, tem-iendo, part-iendo). El gerundio compuesto se construye con el gerundio del verbo haber + participio (habiendo amado, habiendo temido, habiendo partido).

- Dentro de la oración funciona
  –como **adverbio** expresando
  modo (miró sonriendo) [¿cómo?];
  medio (caminando de prisa pudo llegar) [¿con qué?];
  causa (ahorrando lo lograré) [¿por qué?];
  concesión (habiendo sido testigo, no sabía nada) [aunque];
  tiempo (teniendo seis años, ingresó en la escuela) [¿cuándo?];
  –como parte de una **frase verbal** en presente durativo (está creciendo, sigue cantando);
  –pero en **ningún caso** puede especificar al sustantivo, es decir responder a la pregunta ¿cuál?: **no** debe decirse "el archivo conteniendo datos", sino "el archivo **que contiene** datos".

MAYUSCULAS: TOMELAS CON PINZAS

Muchas personas tienen tendencia a ser pródigas con las mayúsculas: no lo sea usted, ya que además de incorrecto, es de dudoso buen gusto.

- Se escriben con mayúscula las *abreviaturas* de los tratamientos (Ud., Sr., Dr.), pero nunca la palabra completa: **u**sted, **s**eñor, **d**octor.
- Se escriben con mayúscula los nombres de carreras y asignaturas (Ingeniería, Matemática), pero no de profesiones (**i**ngeniero, **p**rofesor, **l**icenciado).
- Se escriben con mayúscula todos los sustantivos y adjetivos que formen nombres de reparticiones e instituciones (Escuela Ecológica, Ministerio de Economía), pero no los cargos (**m**inistro, **d**iputado, **r**ector, **g**erente).
- Los puntos cardinales, los nombres de los meses y los días, los adjetivos gen-

tilicios, se escriben con minúscula: oeste, junio, lunes, italiano.

- Se escriben con mayúscula todos los sustantivos y adjetivos que conforman el título de un periódico (El Nuevo País), pero sólo la inicial del título de un libro (Los viajes insólitos).
- Las siglas (iniciales de una serie de palabras) se escriben casi siempre con mayúsculas, seguidas de punto o no. Algunas siglas se han transformado por el uso en el único nombre del objeto, como ha sucedido con el **sida** (de Síndrome de Inmuno Deficiencia Adquirida) y **ovni** (Objeto Volador no Identificado), en cuyo caso deben escribirse con minúsculas.

UNA CUESTION DE ESTILO

Además de correcto, un escrito debe ser conciso, claro, breve, unívoco, y sonar bien.

- Evite las frases rebuscadas, los circunloquios, las palabras de más. En lugar de "qué es lo que ha dicho", elija "qué ha dicho"; en lugar de "fue así como", prefiera "así". Después que termine un borrador, vea cuántas palabras puede eliminar sin perder el sentido: se sorprenderá.
- Evite las repeticiones, las redundancias y los sonsonetes.
  Si debe *repetir* un concepto, recurra a:
  –Los **sinónimos**, palabras distintas que significan aproximadamente lo mismo; tenga en su biblioteca un diccionario de sinónimos para superar los momentos en que la mente queda en blanco.
  Ejemplo: "Necesario" puede ser suplantado por preciso, indispensable, imprescindible, insustituible, forzoso,

obligatorio, ineludible, que hace falta, que es menester.
Recuerde (o busque) sinónimos de Util:
Privilegio:
Agradar:
Ahorrar:
–Los **pronombres y giros**: éste, ése, aquél, el último, el mismo, él, ella, etc.

Las *redundancias* están dentro de las palabras sobrantes. Consisten en aclarar o especificar sustantivos con lo que les es intrínseco.

Ejemplos: *el día* viernes, en *el mes* de noviembre, 18 kilos *de peso*, 46 años *de edad*, *volver a* repetir, *medio* ambiente.

Sonsonetes o rimas internas son terminaciones iguales o parecidas muy cercanas.

Ejemplo: "La sen**sación** que produjo la narr**ación** fue la ra**zón** de tal rea**cción** del público", puede reemplazarse por "El efecto que produjo el relato fue la causa de tal reacción del público", u otro equivalente, como "El público reaccionó a causa de la sensación que le produjo el relato", etcétera.

Ingénieselas para evitar las rimas, transformando el siguiente texto:

La única salida era presentar el producto de una forma más atractiva y anunciar que se trataba de una solución definitiva para la caída del cabello.

_____

_____

_____

_____

_____

_____

_____

- Recurra al diccionario, recurra al diccionario, recurra al diccionario. Verifique el significado de las palabras que desea emplear, sobre todo si no son muy usuales o si, por lo contrario, se ha abusado de ellas distorsionando su sentido original.
- Utilice correctamente los signos de puntuación: los dos puntos antes de una enumeración o una cita; la coma encerrando explicaciones, separando miembros de una enumeración o separando complementos del verbo; los dos puntos separando fórmulas de sentido completo, pero que pertenecen todas a la misma oración; el punto seguido para finalizar oraciones; el punto aparte para finalizar párrafos, en los que agrupará oraciones referidas al mismo tema.
- No exagere con los enfatizadores (signos de admiración, comillas, negritas, cursivas, subrayados, mayúsculas): al final quedará todo enfatizado, y no resaltará ningún concepto.
- La diagramación es parte del estilo. Si su texto es muy breve, no comience a escribir en el margen superior de la hoja; deje dos espacios entre líneas, y tres entre párrafos; sea generosa con los márgenes laterales.

Lea el fragmento que sigue y:

— ponga tildes si faltan, o quítelos si están de más:
— corrija los errees de ortografía;
— agregue, cambie o elimine, según los casos, los signos de puntuación;
— observe si se han usado correctamente las mayúsculas y las minúsculas;
— arregle las discordancias de género, número, persona o tiempo;
— suplante por las correctas las proposiciones mal empleadas;
— cambie los gerundios mal usados por la fórmula adecuada;
— suprima las palabras que, a su criterio, sobran;
— reemplace las repeticiones y las rimas por sinónimos o pronombres.

Para hacerlo, aplique los signos de corrección enumerados en el Apéndice 8.

Cuando su versión haya quedado impecable, transcríbala en el espacio disponible a continuación. Luego, compare sus resultados con el texto depurado por nosotros.

El juego de los errores

La empresa ha constituido su exito a base de principios morales afortunadamente se ha cosntituido en un modelo de inspiración para otra organización, que en un breve lapso de tiempo pudo progresar en la misma dirección y para el mes de Marzo el Director de la primer empresa enfrentaba un doble pero promisorio desafio. El consumidor imponiendo sus condiciones, tubo gran parte de responsabilidad en este crecimiento y el Ingeniero Gonzalez, Jefe del departamento de marketing, así lo reconoció en el disucro de inaugurasión de la nueva cede, señalando; "Si tendría que

agradecer a alguien más, sería a los clientes, quien con su aprobación, y aún sus exijencias reclamos, nos pusieron en el camino
de la perfección. Le agradesco, entonces, a esos fieles consumi-
dores, el estímulo brindado se los agradesco de todo corazón."

_____

_____

_____

_____

_____

_____

_____

_____

_____

_____

_____

_____

_____

EL TEXTO DEPURADO

La empresa ha **construido** su éxito **sobre la base de** principios morales. Afortunadamente, se **constituyó** en modelo, **inspirador** de otra organización **con las mismas características, que en poco tiempo demostró estar actuando con igual criterio. En efecto, en** marzo, el director de la primera **empresa** enfrentaba un doble pero promisorio desafío.

El consumidor, **que había impuesto sus** condiciones, tuvo gran parte de responsabilidad en este crecimiento. Así lo reconoció el ingeniero González, jefe del departamento de Marketing, quien en el discurso de inauguración de la nueva sede **señaló:** "Si **tuviera** que agradecer a alguien más, sería a los clientes, **quienes** con su aprobación y aun sus exigencias y reclamos nos pusieron en el camino de la perfección. **A ellos les** agradezco el estímulo brindado: se lo agradezco de todo corazón".

13 CONSEJOS Y ECONOMIZADORES DE TIEMPO PARA SECRETARIAS

Lo que menos tenemos es tiempo.
Ernest Hemingway

A través de los años he recibido muchas cartas de secretarias que están ansiosas de compartir ideas con sus colegas. En esta sección, encontrará algunos de los atajos, consejos y técnicas que estas secretarias hallaron de utilidad para que las tareas de rutina fueran más sencillas. Uno de los mejores consejos que recibí últimamente es el siguiente:

"Cuando tuve que enfrentar el desafío de mis nuevas responsabilidades, mis mejores aliados fueron una actitud positiva y una personalidad agradable, en mi ambiente de trabajo. Muchas situaciones nuevas y aparentemente difíciles pueden dominarse con una sonrisa y la voluntad de esforzarse al máximo."

Margarita P. Gay, secretaria
Interim Temporaries, Inc.
anteriormente estudiante

Un consejo ampliamente aceptado por las secretarias, como así también por los directivos, ha sido muy bien expresado por Patricia A. McCarthy, una persona a cargo de cursos de entrenamiento en una oficina gubernamental. "...Una secretaria, cualquiera sea su categoría y nivel salarial, [debería] proyectar una imagen profesional vistiendo ropa adecuada (no necesariamente muy costosa). Yo misma he visto cómo ascendieron a una secretaria, en lugar de otra, simplemente por su aspecto".

La función de cualquier puesto es producir, y una de las maneras más rápidas de mejorar la productividad es encontrar y UTILIZAR los atajos. A continuación, enumeramos algunos de estos economizadores de tiempo:

- Cuando tiene que despachar varias hojas fijadas con grampas en la parte superior, es conveniente doblar antes las tres primeras hojas. Así, el centro no se desplazará
- Cuando debe pedir que le firmen un documento, entregue siempre un bolígrafo; con preferencia con tinta negra. La tinta negra es más apta que los otros colores para obtener buenas fotocopias.
- Cubra la totalidad de la etiqueta de una encomienda con cinta de celofán, para que quede fija y que la dirección esté protegida, a fin de que no se ensucie ni sea dañada por factores climáticos.
- Antes de tirar los sobres, verifique que ya tenga las direcciones de los remitentes.

145

- Antes de entregar las cartas al jefe, adjunte a las mismas la información necesaria (por ejemplo, una nota que diga, en caso de que sea necesario, "Esta invitación coincide con la reunión que usted tiene en Madrid, en la misma fecha").
- Utilice el espacio donde van los sellos en el sobre para hacer anotaciones. Por ejemplo, puede anotar allí las fechas en que una carta o un pago deben enviarse. Por supuesto, el sello cubrirá cualquiera de estas anotaciones.
- Si tiene un archivo que consulta con frecuencia, y debe hacer a menudo llamadas telefónicas relacionadas con el mismo, anote ese número de teléfono en la lengüeta de la carpeta, para no tener que buscarlo constantemente.
- Una manera rápida y fácil de ahorrar tiempo es juntar fotocopias (u otras tareas que son necesarias pero poco oportunas) hasta que tenga varios ítems que requieran atención, entonces se podrán hacer todos al mismo tiempo."
- Utilice un bloc con carbónico para anotar las llamadas telefónicas que recibe. De esta manera, tendrá una copia como soporte en caso de que pierda el original.
- Si está trabajando con un papel, no lo vuelva a poner en la pila. Léalo, archívelo, diríjalo a otra persona o tírelo. ENCÁRGUESE DEL MISMO.
- Una carpeta de hojas sueltas es un medio eficiente para organizar la información que debe consultar frecuentemente, tales como los formularios para informes, los nombres y direcciones de vendedores, los anuncios de la realización de convenciones y seminarios, etcétera.

- Trate de memorizar los nombres, las direcciones y los números telefónicos de las personas con quienes tiene un trato frecuente.
- Realzar: Comienze a utilizar un realzador para destacar las fechas, los horarios, etc. en las cartas antes de entregarlas a su jefe. Esta técnica no solamente le ayuda a economizar tiempo, al no tener que releer la carta, sino que puede servir de recordatorio. También puede destacar ítems en su agenda diaria, para acordarse de ciertas tareas prioritarias del día. Utilice realzadores de diferentes colores para identificar con precisión los diferentes ítems.
- Emplee tarjetas de diferentes colores para el archivo telefónico o la guía giratoria, para poder ubicar los números más rápidamente. Codifíquelas; por ejemplo, verde para los clientes, azul para los vendedores, blanco para los proveedores, etcétera.
- Codifique los diskettes por categorías, con colores, para poder encontrarlos fácilmente. Muchas veces los diskettes, o las etiquetas de los sobres, ya vienen en diferentes colores.
- Codifique todo lo que se le ocurra, en la oficina, con colores. Casi todos los artículos para oficina se proveen actualmente en distintos colores: presillas, blocs, fichas, etcétera.
- Cuando tenga que juntar varias series de hojas con clips, coloque los clips separados por un espacio de por lo menos 1 cm para evitar que se confundan.
- Guarde el calendario anual de actividades en el ordenador; de este modo podrá introducir rápidamente las modificaciones e imprimir una copia actualizada.

146

- Para conservar la tinta de la almohadilla de sellos, ponga la misma al revés al fin del día. A la mañana siguiente, la almohadilla estará como nueva.
- Cuando tenga que dejar un mensaje en un contestador telefónico, recuerde mencionar su prefijo de zona telefónica si la llamada es de larga distancia. Muchas llamadas nunca reciben una contestación porque falta ese número.
- Cuando reciba un memo de alguien dentro de la organización, saque primero una copia, y luego escriba su respuesta sobre esa misma copia. Esto le ayuda a no perder tiempo escribiendo y a ahorrar papel, y el destinatario podrá recordar el mensaje enviado por él. Marque su respuesta con un señalador para que se destaque.
- Cuando dos personas de una organización envían una carta o un memo firmado por ambos, el centro de procesamiento de texto puede incluir dos fórmulas de despedida en lugar de una, para que a continuación las dos personas puedan colocar su firma y su título.

Cordialmente,

Juan S. Doe   María P. Real
Vicepresidente   Gerente de ventas

Si la carta es breve, se pueden colocar los nombres, uno debajo del otro. Deje tres renglones en blanco entre el primero y el segundo para que haya suficiente espacio disponible para las firmas.

Cordialmente,

Juan S. Doe - Vicepresidente

María P. Real - Gerente de ventas

- Si debe incluir el nombre de la compañía en un documento, siempre imprímalo en negrita. Esta es una de las muchas maneras en que puede lograr ser creativa y mejorar el aspecto de los documentos, para que resulten más atractivos, personales y eficaces, por medio de su procesador de texto. (Consulte con el manual de instrucciones para hallar consejos y atajos en el cumplimiento de funciones específicas.)
- Si manipula los diskettes con cuidado, logrando mantenerlos así en buen estado, logrará ahorrar tiempo.
  (a) Coloque siempre el diskette dentro del sobre cuando termine de utilizarlo.
  (b) Nunca toque los diskettes a través de la ventanilla por donde la superficie magnética de los mismos está expuesta.
  (c) Debido a que los diskettes son sensibles a las temperaturas extremas, manténgalos lejos de la luz solar directa y de otras fuentes de calor. Es conveniente almacenarlos a temperatura ambiente, entre 15 y 25 °C.
  (d) Utilice siempre un marcador con punta de fieltro para hace anotaciones en las etiquetas de las fundas, para evitar dañar el diskette.
- Si debe enviar una circular de una sola página, y la debe doblar a mano, le conviene alinear la parte inferior de la hoja con una línea en el texto, para superponerla de manera pareja. Podrá doblar las demás cartas más rápidamente si dobla todas en el mismo renglón.
- Evite los "romances de oficina"; de lo contrario, la productividad puede verse afectada. Según el consejo de

una secretaria: "Si tiene una relación sentimental con alguien en la oficina, trate de mantenerla en secreto. No chismorree con sus compañeros de trabajo. Muchas de esas relaciones terminan a menudo con alguna persona lastimada. Evite los romances en el trabajo, y estará en una mejor posición".

- Muchas secretarias profesionales visitan las tiendas de artículos de oficina, para averiguar si existen nuevos productos y artículos que puedan hacer más fácil y más eficiente el manejo de los trabajos rutinarios.

SECRETARIAS, MANTENGANSE BIEN INFORMADAS

Por último, quisiera compartir con ustedes un comentario de uno de mis alumnas:

"Por curiosidad le pregunté a mi jefe, '¿Cuáles son para usted las aptitudes o características personales más importantes en una secretaria?'

Me respondió lo siguiente: 'Yo no tengo una secretaria, tengo una socia. Tomé esto como un cumplido, y siento que las secretarias deberían esforzarse para llegar a ser una aliada para los jefes'. Trabajé para él durante siete años, como asistente administrativa de finanzas, y tuve que cumplir diferentes funciones. Me dio la libertad para crecer en mi trabajo, al dejarme tomar mi propia iniciativa y asumir más responsabilidades, y él tuvo la ventaja de tener una 'socia', que lo puede reemplazar en casi todas las áreas de su trabajo."

Catalina W. Foy
Secretaria asistente y administrativa
Asistente de finanzas - Compañía de análisis de sistemas

Estimadas secretarias, así es una secretaria profesional. Usted, LA SECRETARIA, es la verdadera AMIGA: LA AMIGA DEL COMERCIO, DE LA INDUSTRIA Y DEL GOBIERNO.

APENDICE 1
EL "PARLOTEO" COMERCIAL: ¡NO PERMITA QUE LA INTIMIDE!

El lenguaje de los ordenadores la puede desconcertar y dejar tan perpleja como si aterrizara en un país extranjero. Aun las palabras más sencillas parecen tener un sentido nefasto cuando se aplican a los ordenadores; por ejemplo, la pantalla es el VDT (terminal de exhibición de video) o CRT (tubo de rayos catódicos). El primer consejo que les puedo dar para adaptarse a este nuevo lenguaje técnico es el siguiente: no se dejen amilanar. Muchas personas están aprendiendo a la vez que usted. Segundo, no se enoje; PONGASE A LA PAR. Unase a los ganadores, aprendiendo la jerga. Pero esté alerta cuando se encuentre con siglas, o sea, palabras formadas con las primeras letras de palabras contenidas en una frase o nombre (por ejemplo, EDP para procesamiento de datos electrónicos). A continuación, veamos la traducción de una parte del "parloteo tecnológico" que se utiliza en el procesamiento de textos.

Acceso
Para localizar la información deseada.

Actualizar
Revisar un documento a fin de incorporarle los cambios o la información más recientes.

Ajustar
Un control que poseen algunos procesadores de texto que permite al operador agregar o borrar partes del texto y establecer nuevamente los márgenes.

Alfabético
Caracteres que consisten en letras del alfabeto romano; no incluye a los números.

Alfanumérico
Caracteres que generalmente incluyen letras, dígitos, signos de puntuación, y símbolos especiales, tales como el asterisco (*).

Alimentador de formularios
Dispositivo en una impresora que mueve el papel hacia adelante a medida que se completan los renglones.

"Appending documents"
(Documentos ensamblados)
El procesador de texto compone un documento a partir de varios párrafos almacenados en un disco. Esto también se conoce cómo "document assembly" (ensamble de documentos), "building blocks" (bloques de construcción) y creación de documentos.

Archivar
Un procedimiento por el cual se transfiere parte del texto del disco en línea a un disco fuera de línea.

Archivo suplementario

Areas de archivo suplementario que guardan datos fuera de la memoria del ordenador.

Archivo

Una cantidad de información almacenada en un disco, generalmente un documento.

"Background/foreground" (Fondo/frente)

La posibilidad que tiene una máquina de realizar una función, tal como la de imprimir un documento, mientras el operador está trabajando con un documento diferente. Algunos procesadores de texto independientes que tienen accesorios externos denominados esclavos o fax permiten que dos operadores trabajen en teclados simultáneamente.

"Backup" (Soporte)

Copias extras de documentos, programas o equipos, para ser utilizados en caso de que el original sea dañado o destruido.

Base de datos

Un conjunto de datos necesarios para realizar alguna operación, o una unidad de información que se puede alcanzar a través de un ordenador.

Bidireccional

Que tiene la posibilidad de moverse en dos direcciones diferentes; generalmente se aplica a las impresoras que pueden operar más rápido debido a dicha capacidad.

Bloque

Un grupo de palabras, etc. que se consideran una unidad, porque están almacenadas en sitios adyacentes de la memoria; datos guardados como si fueran una unidad.

Buffer

Un buffer del tablero es el área utilizada para guardar pulsaciones de teclas sin que queden registradas en un disco. Los datos, antes de imprimir, se almacenan en un buffer de la impresora.

"Bullets" (Proyectiles)

Puntos negros grandes colocados en el texto para destacar contenidos importantes.

Búsqueda global

Aptitud para buscar automáticamente entre datos almacenados, a fin de encontrar una palabra específica, o un grupo de palabras, cada vez que aparecen en el documento.

Buteo

Arranque, como cuando se prende el ordenador.

Byte

Ocho bits, la cantidad generalmente utilizada para almacenar un carácter.

Código de barras

Un sistema de codificación de información en la cual la entrada está representada por barras de distintos anchos y posiciones.

Códigos/teclas de función

Teclas o combinaciones de teclas específicas utilizadas para iniciar operaciones tales como borrar, intercalar, y hacer un retroceso.

Cola

Series de documentos almacenados, que esperan para ser impresos de acuerdo al orden con que están almacenados.

Comando
Instrucción dada por el operador, que le dice al sistema qué tiene que hacer.

Compatible
Equipos que pueden funcionar juntos. Por ejemplo, no todas las impresoras funcionan con cualquier clase de ordenador. Los ordenadores son compatibles si pueden utilizar el mismo software.

Copia en papel
Documento impreso en papel.

"Coupling" (Acoplamiento)
Dos o más procesadores de texto que están conectados y que intercambian información.

CTRL (Tecla de control)
Tecla que se utiliza generalmente dentro de una secuencia de comando. La tecla CTRL es habitualmente pulsada al mismo tiempo que otra para así ejecutar un comando específico.

Cursor
Generalmente se trata de una luz centelleante, rectangular o cuadrada, o una línea pulsátil, que indica el lugar donde se pulsará la siguiente tecla.

Chip
Un pequeño dispositivo electrónico que tiene circuitos integrados para desempeñar las funciones del ordenador.

"Debug" (Corregir)
Para encontrar y corregir errores en un programa.

Diagrama de flujo
Diagrama de una secuencia de operaciones que se deben realizar. En los diagramas de flujo, está también representada la secuencia y la lógica de las operaciones de los ordenadores/procesadores de texto.

Dígito binario
Ya sea los caracteres 0 ó 1; se abrevia "bit".

Disco duro
Medio de almacenamiento magnético capaz de guardar en forma permanente grandes cantidades de información.

Disco flexible
Un medio de almacenamiento magnético y flexible en el cual se guardan archivos.

Diskettera
Un mecanismo que puede contener un disco, y recuperar y almacenar información en el mismo.

Diskettes
Medios planos, magnéticos, que tienen una capacidad limitada de almacenamiento, y que se consiguen con los siguientes diámetros: 9 cm, 13 cm y 20 cm. Muchos se doblan fácilmente, de allí el nombre de "disco flexible".

Documento
Cualquier parte de la información almacenada que se puede imprimir en un papel o se puede exhibir sobre la pantalla.

"Drive" (disco, disco virtual)
Un dispositivo, en un procesador de texto/ordenador que es el lugar o el nombre de un disco que tiene datos almacenados. Se lo puede denominar disco A, B o C, o disco interno o externo.

"Drop out"
La pérdida accidental de texto de un documento.

Ejecutar
Comandos que se realizan o llevan a cabo en un ordenador/procesador de texto; generalmente, pulsando la tecla "return".

Elite
El tamaño más pequeño de los caracteres que se utilizan con las máquinas de escribir e impresoras; también se lo denomina "12-pitch" (tamaño 12).

En línea
Se refiere a los equipos que están en comunicación directa con la unidad central de procesamiento de un ordenador.

Encabezado
Margen superior de un documento y el texto ubicado en ese margen; generalmente incluye el número de página que será colocado automáticamente, en orden correlativo, sobre cada nueva página.

Entrada
Datos que se ingresan en un ordenador o en un procesador de texto.

Entrada de datos
El proceso de ingresar información en un ordenador/procesador de información.

Entrada/salida
Técnicas, medios y dispositivos que se utilizan para lograr una comunicación entre el hombre y las máquinas.

Extraer
Datos o información extraídos de otro grupo de textos almacenados.

"Flush" (alineado al margen, sin sangrar)
Líneas del texto alineadas al margen izquierdo (alineados a la izquierda) o al margen derecho (alineados a la derecha); la ausencia de sangrías.

"Folio" (Número de página)
Número de página.

Font
Grupos de letras, números, símbolos etc. realizados todos con el mismo estilo (por ejemplo, tipo abastonado o gótico, moderno, inglés antiguo).

Formato
Disposición del texto en la copia final de papel.

Formularios continuos
Formularios de papel conectados que se doblan en líneas perforadas, eliminando así la necesidad de utilizar páginas separadas.

Gráficos
Capacidad del software para dibujar cuadros, gráficos o ilustraciones.

"Hot zone" (Zona caliente)
Area ubicada en el margen izquierdo.

Impresora de margarita
Una impresora que tiene una margarita.

Impresora matricial
Un tipo de impresora que funciona por medio de series de pequeños puntos que forman los caracteres.

Interactivo
Procesadores de textos que tienen la posibilidad de comunicarse con ordenadores u otros procesadores de textos.

Interfaz
Dispositivo que conecta al procesador de texto con un periférico, como por ejemplo un analizador OCR (lector de caracteres ópticos) o una máquina de fotocomposición

Justificar
Para ajustar las líneas del texto a fin de que cada una esté equlibrada entre el margen izquierdo y el derecho.

Lazo magnético
Dispositivos que contienen cintas de lazos magnéticos que permiten que varios operadores registren textos independientemente y/o simultáneamente.

Línea dedicada
Un canal de comunicación entre dos lugares utilizado por un solo operador o por un solo equipo.

Margarita
Un elemento de impresión chato, de plástico o de metal, con vástagos individuales que se extienden desde un disco circular; los vástagos están coronados por "pétalos" que contienen letras, números, signos de puntuación, etc. individuales.

Medios discretos
Cintas magnéticas, discos y otros materiales que se pueden separar del grabador y se pueden enviar al centro o a la persona que realiza la transcripción.

Memoria de burbuja
Un sistema compacto de almacenamiento de datos magnéticos.

Memoria
El área en el sistema donde se guardan las instrucciones de un ordenador/procesador de textos y por medio de las cuales cumplen con las tareas solicitadas; también es el área donde se guarda un documento antes de almacenarlo en un disco.

Menú
Lista de operaciones entre las que el operador puede elegir.

Mezclar
Combinar datos de dos o más archivos diferentes; se utiliza frecuentemente cuando se trata de circulares, para imprimir la dirección y otros detalles que varían en el texto de la circular.

Mnemonic (mnemotécnico)
Símbolo, palabra o dispositivo que ayuda al operador para que recuerde algo (por ejemplo, "c" para centro o "l" para línea).

Negrita
Caracteres o palabras que se imprimen en un tono más oscuro, porque se imprimen superpuestos.

Paginación
Una función del procesamiento de texto que divide un documento de múltiples páginas en un largo preestablecido o en una cierta cantidad de páginas.

Periféricos
Unidades de hardware extras o de almacenamiento auxiliar pertencientes a un ordenador.

Pica
Dispositivo que produce los gráficos en el ordenador.

Pie de página
Margen inferior de un documento. Si el pie de página incluye una parte de texto, el texto aparecerá en cada página del documento.

Planilla de cálculo
Programa en el que se utiliza una disposición de los datos en filas y columnas para realizar cálculos con esos datos.

Productividad
Se refiere a la cantidad de procesamiento

de información que se puede lograr en un período determinado.

Programa

Conjunto de instrucciones con una secuencia que hace que el ordenador ejecute operaciones específicas.

Programa de aplicación

El software que indica al ordenador cómo realizar el procesamiento de texto, el procesamiento de datos, la clasificación de listas de correspondencia, etc. Un ejemplo de esto es el WordStar, un paquete de software para ser utilizado en el ordenador, para procesar textos, cuando no tiene un sistema independiente.

"Purge" (purgar, depurar)

Retirar datos o información innecesarios de un archivo.

Red

Conjunto de procesadores y terminales que conectan o sirven a más de un usuario por vez.

"Run around" (Compaginar)

Disponer el texto alrededor de una ilustración

Scroll (Ver; subir o bajar el texto)

Mover renglones del texto hacia arriba o hacia abajo en la pantalla, a fin de percibir diferentes partes de un documento.

Sector

Sector de un disco que contiene un número específico de caracteres.

"Shared logic" (lógica compartida)

Tipo de procesador de texto, en el que varios dispositivos de entrada/salida, y equipos de almacenamiento auxiliar, son manejados desde un centro de procesamiento.

Sistema de facsímil

Un sistema que se utiliza para transmitir ilustraciones, textos, mapas, etc. entre puntos geográficamente distantes.

Sobreimprimir

Imprimir arriba de algo ya impreso o fuera de los márgenes específicos.

Software

Conjunto de programas, procedimientos y rutinas utilizados para hacer funcionar un ordenador.

"Standalone" (Equipo independiente)

Unidad única, independiente, que tiene su propio CPU, terminal de entrada/salida e impresora.

Tablero QWERTY

El nombre del tablero más común que se basa en las primeras seis letras de la tercer fila. Christopher Sholes inventó este tablero en 1873.

Tecla de retroceso

Mueve el cursor de derecha a izquierda a través de la pantalla para borrar caracteres. En muchos procesadores de texto aplicados, la tecla de retroceso está localizada en el ángulo superior derecho del tablero estándar.

Teclas con flechas

Las cuatro teclas direccionales que mueven el cursor en la pantalla sin borrar el texto.

Terminal

Cualquier equipo, con el cual se pueden ingresar datos en un ordenador, o transferir datos provenientes de un ordenador.

154

"Text-editing typewriter" (Máquina de escribir de edición de textos)

Máquina de escribir que tiene la aptitud de almacenar, recuperar y editar a través de medios magnéticos.

Tiempo compartido

Sistema que permite que muchas personas utilicen el procesador de texto/ordenador al mismo tiempo.

Tipos de caracteres

Letras, números, signos de puntuación y símbolos que puede producir una impresora; tipo de letras, "pitch" (tamaños), y símbolos varían de un tipo de carácter a otro.

Ultima novedad

Expresión utilizada para describir los más recientes desarrollos en un área específica de la técnica.

"User-friendly" (fácil de usar)

Software y hardware de fácil aplicación.

Velocidad de transmisión (medida en baudios)

La velocidad con que la información circula entre ordenadores.

"Widow" (Viuda)

En el texto impreso, una palabra o parte de un renglón aislados en la parte superior de la página.

"Word originator" (creador del documento)

La persona que creó el documento.

"Wording memory" (memoria del texto)

Memoria que guarda y proporciona datos.

"Wraparound" (doblamiento)

Movimiento automático del cursor hacia abajo, al siguiente renglón, mientras se ingresan los datos; no es necesario que el operador pulse la tecla "return" (volver atrás) para pasar al siguiente renglón.

ABREVIATURAS COMUNES EN EL MUNDO DE LOS ORDENADORES

ADP	Procesamiento automático de datos.
ALGOL	Lenguaje algorítmico. Un lenguaje de alto nivel muy utilizado en Europa en el área de los ordenadores.
BASIC	Código de instrucciones por símbolos de utilidad general para principiantes. Un lenguaje popular de ordenadores.
BCD	Decimal de código binario.
CAD	Diseño asistido por ordenador.
CAI	Instrucción asistida por ordenador.
CAM	Fabricación asistida por ordenador.
CAR	Recuperación asistida por ordenador.
COBOL	Lenguaje común con orientación comercial.
CPS	Caracteres por segundo.
CPU	Unidad de procesamiento central: el cerebro del ordenador. Controla las unidades conectadas con el ordenador, guarda los programas, y los ejecuta.
CRT	Tubo de rayos catódicos. Esto se refiere a la pantalla.
DOS	Sistema de operación de discos.
E-COM	Correo originado electrónicamente por medio de un

155

	ordenador .
INTELPOST	Servicio postal internacional electrónico.
MC/ST	Máquina de escribir ("Selectric") con tarjetas magnéticas.
MICR	Reconocimiento de caracteres de tinta magnética. Por ejemplo, el código de los bancos en la parte inferior de los cheques.
MODEM	Modulador-"demodulator" (desmodulador). Dispositivo que convierte señales eléctricas en tonos para que puedan ser transmitidos por cables telefónicos.
NCR	No requiere papel carbónico. Papel tratado químicamente que se utiliza en vez de papel carbónico para producir copias.
OCR	Lector de caracteres ópticos. Un analizador que lee caracteres impresos o tipeados y los convierte en señales para ingresar en un procesador de datos o de textos.
PBX	Intercambio privado entre equipos. Una red telefónica interna; también se utiliza para transmitir datos o textos entre otros equipos electrónicos que forman parte del sistema.
RAM	"Random Access Memory" (Memoria de acceso fortuito). Memoria temporaria de un ordenador/procesador de texto. Los datos desaparecen si se apaga el equipo.
ROM	"Read Only Memory" (Memoria para leer solamente). Memoria permanente de un ordenador/procesador de texto.
UPC	Código universal de productos. Código legible a través de la máquina, de líneas paralelas, utilizado actualmente para etiquetar gran parte de los productos envasados.
VDT	Terminal de videoexposición. Pantalla de exhibición.

APENDICE 2
EXPRESIONES Y PALABRAS EXTRANJERAS DE USO HABITUAL

Hay algunas expresiones del francés y del latín que se usan habitualmente en la correspondencia comercial. Asegúrese de verificar si están bien escritas y aplicadas:

Ad hoc	A propósito
Avant-garde	Vanguardia
Carte blanche	Poderes a discreción
Cause celebre	Episodio controversial
Coup d'etat	Golpe de estado
Esprit de corps	Espíritu de grupo
Et al. (l. et alii)	Y otros
Etcétera	Lo que sigue; y así sucesivamente
Ipso facto	Inmediatamente
Per capita	Por cabeza
Per se	Por sí; por sí mismo
Savoir faire	Experiencia; sofisticación
Sine qua non	"Sin el cual no", condición necesaria
Status quo	Estado de cosas en un momento dado
Verbigracia	Por ejemplo
Viceversa	Lo inverso

APENDICE 3
SIGNOS Y SIMBOLOS ESPECIALES

La ubicación de signos y símbolos especiales en los teclados de los ordenadores y de los procesadores de texto varía entre los diferentes tipos de equipos. Algunos teclados de máquinas de escribir tradicionales no tienen algunos de estos caracteres especiales; sin embargo, es posible crearlos mediante la combinación de otros símbolos y caracteres. Enumeramos a continuación los símbolos que se usan con mayor frecuencia en el procesamiento de datos.

— RAYA
Pulse dos guiones, ya sea en el teclado de la máquina de escribir o del ordenador, para crear este signo de puntuación; no deje ningún espacio antes o después del mismo.

! SIGNO DE EXCLAMACION
Mayúscula de la tecla 1; haga dos espacios después del mismo cuando aparece al final de una oración.

' APOSTROFE
Utilice el apóstrofe para representar medidas, por ej. de tiempo (minutos, segundos); nuevamente, no haga un espacio después del número y antes del símbolo utilizado para expresar los minutos.

" COMILLAS
Utilice las comillas para expresar segundos; nuevamente, no haga un espacio después del número.

Utilice las comillas para representar repeticiones, o ídem; deben estar centradas bajo cada palabra.

+ SIGNO MAS
En casi todos los teclados, está arriba del signo =; deje un espacio antes y después de dicho signo +. Si su tablero no tiene este signo, escriba un guión oblicuo, haga un retroceso, y luego escriba un guión.

x SIGNO DE MULTIPLICACION
Utilice una x minúscula; deje un espacio antes y después del mismo

– SIGNO MENOS
Utilice la tecla del guión; deje un espacio antes y después del mismo.

= SIGNO DE IGUALDAD
Puede encontrarse ubicado en la hilera de los números o en la tercera hilera; deje un espacio antes y después del mismo

./. SIGNO DE DIVISION
El lugar donde está ubicado el signo de división varía; deje un espacio antes y después del mismo. Si no tiene el signo de división en su equipo, tipee los dos puntos.

~ DIFERENCIA

Deje un espacio antes y después del mismo.

: RAZON: ES A

Utilice los dos puntos para este símbolo; deje un espacio antes y después del mismo.

< MENOR QUE

Deje un espacio antes y después de este signo.

> MAYOR QUE

Deje un espacio antes y después de este signo.

^ SIGNO DE INTERCALACION

Indica una intercalación.

( ) PARENTESIS

Deje un espacio antes y después de ambos.

[ ] CORCHETES

Utilizados para encerrar palabras que ya están entre paréntesis o para indicar palabras modificadas dentro de un material citado. Deje un espacio antes y después de ambos signos.

Nota: Los paréntesis y los corchetes DEBEN ser utilizados en pares.

° SIMBOLO DE GRADO

Si no hay un símbolo de grado en su teclado, utilice la **o** minúscula. No deje un espacio después del número.

SIMBOLO NUMERICO

Se usa antes de un número; no deje un espacio entre el número y el símbolo.

/ BARRA OBLICUA

Vírgula, guión oblicuo, separador, por:

deje un espacio antes y después del símbolo; si está tipeando una fracción, no deje espacios antes y después del mismo.

% PORCIENTO

No deje un espacio entre el número y el símbolo.

© DERECHOS DE AUTOR

a/c A CARGO

@ EN

Deje un espacio antes y después del símbolo.

* ASTERISCO

No haga espacios cuando utilice un asterisco.

ESPACIO UNO; ESPACIO DOS

Los procesadores de texto y los ordenadores son sensibles al espaciado correcto. En la mayor parte de los casos, las reglas que se aprendieron en mecanografía para espaciar ciertos símbolos y tipos de signos de puntuación todavía se aplican.

- Siempre haga un espacio después de los dos puntos (:) cuando continúa escribiendo en el mismo renglón.

  Estoy cursando cuatro asignaturas este cuatrimestre: historia, matemáticas, música e inglés.

- Haga siempre un espacio después de una abreviatura de una sola palabra o de una inicial.

  El Sr. Juan A. Doe vive en la calle Alvarez N. Tola 232

- Haga siempre un espacio después de un signo de pregunta dentro de una oración.

  ¿Serán dos? ¿tres? ¿o cuatro?

162

- Haga siempre un espacio después de un par de paréntesis.

  La nueva secretaria tiene (1) aptitudes excelentes (2) sentido común, y (3) una personalidad agradable.

- No deje un espacio entre las iniciales de una abreviatura

  U.S.A.   C.I.A.   U.N.

- No deje un espacio antes o después de un guión.

APENDICE 4
UN GLOSARIO
PARA PUBLICACION "DESKTOP"

La aplicación de publicación "desktop" se ha extendido mucho actualmente. Debido a la disponibilidad, en las oficinas, de software y de impresoras láser, son cada vez más las compañías que producen sus propias publicaciones internas. El boletín de noticias tiene, así, un aspecto profesional. Los informes, los estudios, los estados financieros y los folletos de publicidad se preparan en muchas empresas. La secretaria que tiene relación con la publicación "desktop" debe conocer el lenguaje, y aquellos que actualmente preparan textos para ser enviados a los tipógrafos y a las imprentas profesionales, encontrarán de utilidad el conocimiento del lenguaje especial del ramo. Estudie el siguiente glosario de palabras, que anteriormente formaba parte del área especializada del editor, del tipógrafo, o de la imprenta, ampliando así su vocabulario.

Alineado al margen derecho, sin sangrar
El texto alineado verticalmente a lo largo del margen derecho.

Alineado al margen izquierdo, sin sangrar
El texto alineado verticalmente a lo largo del margen izquierdo.

Cámara
Material preparado para ser fotografiado, para su posterior impresión.

Corte de costado
Una exhibición de una fotografía o de un gráfico colocado de costado para que entre en una página. El lado derecho de la fotografía o gráfico coincide con la parte superior de la hoja.

"Crop" (Cortar)
Recortar detalles del fondo en una fotografía para destacar el tema principal.

Cursiva, bastardilla
Un estilo de tipos que tiene caracteres situados con una inclinación ascendente hacia la derecha.

"Drop folio" (Número de página)
Un número de página ubicado en la parte inferior de la hoja.

"Em dash" (Raya Em)
Una raya que es tan ancha como el tamaño de la punta de un tipo.

"En dash" (Raya En)
Una raya que es más corta que una "em dash", pero más larga que un guión.

Encabezado
El título de un capítulo o de una sección que aparece en la parte superior de cada página.

Espacio en blanco
Es exactamente eso: las áreas blancas en una página que se ha compuesto. El espacio en blanco y los caracteres deben tener un aspecto equilibrado.

Esquema, disposición
La disposición final del texto y de los gráficos antes de la impresión.

Folio (Hoja)
Un número de página.

Font (fundición o fuente de tipos)
Un juego de tipos de un estilo o tamaño determinados.

Galera
Material que se compuso y se ofrece como prueba (generalmente en una sola columna) antes de transformarlo en páginas.

Galerada
Copia que ya fue compuesta y que se entrega para corrección.

Hoja de estilo
Una serie de reglas relacionada con la ortografía, los signos de puntuación, el uso de guiones, la forma de abreviar, etc. que deben aplicarse de manera coherente en todo el manuscrito.

Justificar
Situar los caracteres sobre una línea, para que el principio y el final de la línea esté alineada al margen, a la izquierda y a la derecha.

"Leading" (guía)
El espacio entre las líneas de caracteres.

Letra con trazo largo
Esa parte de las letras minúsculas **b, d, f, h, l y t** que se eleve por encima de la altura de la base de una letra minúscula.

Letras con trazo bajo
Aquélla parte de las letras con trazo bajo **g, j, p, q, e y** que se extiende por debajo de la línea de base.

Letra romana
Estilo de tipos con letras verticales.

Línea base
Una línea invisible sobre la cual descansa la base de una letra que se ha compuesto.

Línea de pie (trazo terminal)
Cualquiera de las líneas cortas en ángulo, y que provienen de los ángulos superiores o inferiores de una letra. Estas palabras tienen un tipo de letra con trazo terminal.

Maqueta
Cualquier esbozo o muestra preliminar de algo que será publicado. En la misma se muestra la posición del texto, los gráficos y los encabezamientos y se utiliza para calcular los espacios y el aspecto en general.

Márgenes izquierdo y derecho irregulares
La copia con el margen izquierdo y derecho sin justificar.

Membrete
Un bloque de información en cada ejemplar de una publicación, donde figura el título, la propiedad, los miembros del staff, la subscripción, las tarifas de publicidad, etcétera.

Negrita
Un tipo de letra pesada.

Página impar
La página ubicada a la derecha.

Página par
Una página ubicada a la izquierda.

Perfil fuera de línea
En fotocomposición, para ajustar el espacio entre los caracteres, para conseguir una mejor presentación.

Pica
Caracteres con doce puntas. Una unidad de alrededor de 0,15 mm (1/16 de pulgada). Los tipos de la máquina de escribir incluyen 10 caracteres por cada 2 1/2 cm lineales o 6 líneas por cada 2 1/2 cm verticales.

Posdata
El lenguaje común de los ordenadores mediante el cual se envía el texto y los gráficos a las impresoras láser o a los equipos de composición.

Punto tipográfico
(medida que equivale a 0,37 mm)
Una medida tipográfica que es igual a 1/12 de una pica (alrededor de 0,37 mm). Se utiliza especialmente para medir la altura o el espacio existente entre líneas de caracteres.

"River" (Rayado)
Una raya irregular de espacio en blanco causada por una serie de espacios más amplios, y que le da a la hoja una apariencia veteada.

"Runaround" (envolvente)
Líneas acortadas de letras ubicadas para envolver una ilustración.

Sangría francesa o párrafo francés
Todo el texto con sangría con excepción de la primera línea que está alineada al margen, a la izquierda.

Signatura
Un pliego de papel con varias páginas (en general 8, 16, 24 ó 32) impresas a ambos lados. El pliego está doblado para formar un folleto y estos folletos se arman y se encuadernan dentro de libros o de periódicos.

Tipo grotesco, gótico
Una letra o estilo de caracteres sin trazo terminal.

Viuda
Una sola palabra o una línea corta sobrante de la columna o página anterior.

APENDICE 5
EJEMPLOS DE FORMATO PARA DOCUMENTOS

CON MEMBRETE LATERAL Y PARRAFOS SIN SANGRIA

El amigo de la secretaria

28 de julio de 19...

Sr. Peter Wang, Director
Roe International Inc.
#07-20/23
Singapore   1234

Estimado Peter:

Nos parece que el boletín informativo EL AMIGO DE LA SECRETARIA le está siendo de utilidad, lo que nos alegra. Tenemos el agrado de adjuntar la copia de una carta de un compatriota suyo que nos solicita información sobre el boletín, en caso de que le interese contestarla.

Participaremos en una exposición que realizará la Asociación Nacional de Artículos para Oficinas en Chicago, en octubre. En caso de que Ud. asista, mucho me agradará encontrarme con Ud. Le deseo que siga teniendo éxito con EL AMIGO DE LA SECRETARIA.

Cordialmente,

Ana N. Morton
Ana N. Morton, Editor

jj
Adjunto

El amigo de la secretaria

Septiembre 25, 19 ...

Sra. María González
La corporación XYZ
Calle Ani 1234
Su ciudad, XY 12345-6789

Estimada María

Quisiera felicitarla por haber sido elegida presidenta de su filial de la Asociación Internacional de Secretarias Profesionales
para el año próximo. Me enteré de esa distinción en el número de
la revista El profesional, correspondiente a agosto.

Las secretarias son algo muy especial para mí; yo fui secretaria,
como así también profesora de cursos para secretarias, y escribo
un boletín de noticias mensual para las mismas. Adjunto algunos
ejemplares del boletín, por si Ud. aún no lo ha leído. Además,
acabo de publicar un libro que se llama EL AMIGO DE LA SECRETA-
RIA.

Nuevamente, María, la felicito y le deseo mucho éxito como directiva de una organización tan importante.

Cordialmente

Ana N. Morton

Ana N. Morton, Editora/Autora

ca

Adjuntos

**El amigo
de la
secretaria**

28 de julio, 19...

Sr. Peter Wang, Director
Roe International, Inc.
Block 80, Kallang Bahru
Singapore 1234

Estimado Pedro:

Nos parece que el boletín informativo EL AMIGO DE LA SECRETARIA le está siendo de utilidad, lo que nos alegra. Tenemos el agrado de adjuntar una copia de una carta de un compatriota suyo, que nos solicita información sobre el boletín, en caso de que le interese contestarla.

Participaremos en una exposición que realizará la Asociación Nacional de Artículos para Oficinas en Chicago, en octubre. En caso de que Ud. asista, mucho me agradará encontrarme con Ud. Le desea que siga teniendo éxito con EL AMIGO DE LA SECRETARIA.

Cordialmente,

Ana M. Morton
Ana M. Morton, Editora

ca

Adjunto

9 de diciembre, 19...

Sra. Juana Smith, Directiva
Centro de procesamiento de texto
Compañía ABC
Calle Ani 123
Su ciudad, XY 12345-6789

CARTA SIMPLIFICADA AMS

Ud. observará una semejanza en diversos aspectos con la carta moderna simplificada y con el estilo utilizado en muchas oficinas gubernamentales. Este formato, realizado con el estilo de imprenta, omitiendo la fórmula de saludo,
constituye un economizador de tiempo para este estilo de carta.

Al hacer el triple espacio antes y después de la línea correspondiente al
tema, y al escribirla toda con letras mayúsculas, dicha línea se vuelve evidente de inmediato para el lector, para que identifique de qué se trata la
carta. El nombre y el título del remitente también se escriben en letras mayúsculas, cuatro espacios más abajo del último párrafo de la carta.

Le rogamos que incluya este estilo de carta como una muestra en el manual de
procedimientos de la compañía, para que, en el centro de procesamiento de
texto, se la utilice de modelo para toda la correspondencia procedente de las
oficinas de administración. Muchas gracias.

Ana M. Morton

ANA N. MORTON, PRESIDENTE

jj

AMS Simplificada

Estilo 2   Bruno Morton y Asociados   2   31 de diciembre, 19 ...

Ya que hemos tenido tanto éxito con su boletín informativo, mucho
nos agradaría recibir ejemplares de su libro, EL AMIGO DE LA SE-
CRETARIA. Rogamos nos envíen información adicional.

Estilo 1   Bruno Morton y Asociados
                Pág. 2
                30 de diciembre, 19 ...
                Ya que hemos tenido tanto éxito con su boletín informativo, mucho
                nos agradaría recibir ejemplares de su libro, EL AMIGO DE LA SE-
                CRETARIA. Rogamos nos envíen información adicional.

ENCABEZAMIENTOS PARA LA SEGUNDA PAGINA DE LAS CARTAS

25 de septiembre de 19 ...

Sra. María González, Directiva
Centro de procesamiento de texto
Compañía XYZ
Calle Ani 1234
Su ciudad, XY   12345-6789

ESTILO MODERNO SIMPLIFICADO PARA CARTAS

Muchos directivos, María, prefieren utilizar un tipo de carta que se denomina "Moderna simplificada". Es similar al formato de la denominada AMS (Sociedad norteamericana de management) que muchas secretarias ya conocen. El estilo con letra de imprenta y con márgenes laterales estándar de 2,50 cm, se utiliza para todas las cartas, igual que para los memorandos.

Como podrá observar más arriba, el estilo militar es utilizado para la fecha, seguido de tres espacios antes y después de la dirección. Se utiliza la línea con el tema en lugar de la salutación, todo escrito en mayúsculas, con un triple espacio antes y después del mismo. No hay fórmula de cierre en la carta, lo que constituye un economizador de tiempo. El nombre y el título del autor están escritos cuatro renglones más abajo del cuerpo principal de la carta. Las restantes partes de la carta están situadas de la misma manera que en el estilo tradicional de redacción.

Como toque personal, se sugiere que el nombre del destinatario sea mencionado en el primer párrafo y en el último. Esto es realmente un aspecto agradable a ser utilizado en cartas de cualquier clase.

Si Ud., María, desea recibir más información sobre el modo de redactar cartas, consulte el MANUAL DE REDACCION DE CARTAS COMERCIALES.

Ana M. Morton

Ana M. Morton, Editora

LA CARTA MODERNA SIMPLIFICADA

MEMORANDO

A: Todos los editores

DE: Ana N. Morton, editora

FECHA: 25 de septiembre, 19 ...

TEMA: Exposición nacional de artículos para oficinas

Tenemos el agrado de invitarlo a una recepción en el Hotel Hyatt, Madrid, el viernes a la noche, 4 de octubre, 19-21 hrs, para presentarles al Sr. Juan Snodgrass, presidente de LOWEN EDITORA. El Sr. Snodgrass estará disponible para responder las preguntas que puedan tener con respecto a su libro, GUIA PARA COMPRAR ARTICULOS DE OFICINA, como así también con respecto al último título publicado por Lowen, EL AMIGO DE LA SECRETARIA, y para explicarles en qué medida pueden estos libros ser útiles para Uds.

jj

Encabezamiento - Estilo 1

174

MEMORANDO

A: Todos los editores

DE: Ana N. Morton, editora

FECHA: 30 de septiembre, 19 ...

TEMA: Exposición nacional de artículos para oficinas

Tenemos el agrado de invitarlo a una recepción en el Hotel Hyatt, Madrid, el viernes a la noche, 4 de octubre, 19-21 hrs, para presentarles al Sr. Juan Snodgrass, presidente de LOWEN EDITORA. El Sr. Snodgrass estará disponible para responder las preguntas que puedan tener con respecto a su libro, GUIA PARA COMPRAR ARTICULOS DE OFICINA, como así también con respecto al último título publicado por Lowen, EL AMIGO DE LA SECRETARIA, y para explicarles en qué medida pueden estos libros ser útiles para Uds.

jj

Encabezamiento - Estilo 2

25 de septiembre, 19 ...

MEMORANDO

A: Todos los editores

DE: Ana N. Morton, editora

TEMA: Exposición nacional de artículos para oficinas

Tenemos el agrado de invitarlo a una recepción en el Hotel Hyatt, Madrid, el viernes por la noche, 4 de octubre, 17-21 hrs, para presentarles al Sr. Juan Snodgrass, presidente de LOWEN EDITORA. El Sr. Snodgrass estará disponible para contestar las preguntas que puedan tener respecto a su libro, GUIA PARA COMPRAR ARTICU-LOS DE OFICINA, como así también respecto al último título publi-cado por Lowen, EL AMIGO DE LA SECRETARIA, y para explicarles en qué medida pueden estos libros ser útiles para Uds.

jj

Encabezamiento - Estilo 3

25 de septiembre, 19 ...

CONTACTO: Carolina J. Armstrong

             Coordinadora de medios

Tel.: (123) 356-1670

PARA PUBLICACION INMEDIATA

Susana N. Kool, asistente administrativa del presidente, fue ascendida a vicepresidente, a cargo del área de management, de la
compañía XYZ. La Sra. Kool ha formado parte de la compañía desde
que se graduó en la Escuela de Secretarias Morton. También ocupa
el puesto de secretaria de la filial local de la Asociación Internacional de Secretarias Profesionales.

Ejemplo de un comunicado de prensa

APENDICE 6
MARCAS
DE LA CORRECCION DE PRUEBAS

EJEMPLOS:

Comience un nuevo párrafo

Junte ambos párrafos

Subrayar o poner en bastardilla

Borrar

Cerrar un espacio horizontal

Intercalar lo que se indica

Agregar un espacio

Utilizar mayúsculas

Utilizar minúsculas

Ignore la corrección: se mantiene la versión original

El significado es dudoso: preguntar al autor.

Trasposición de palabras o letras.

Es mejor de esta manera. Cuando llueve el río se desborda.
Los daños pueden ser considerables.

¿Ud. se ahogará o nadará?

No no es necesario

Medioevo es una sola palabra

Comprar papel y carpetas

Compañía,Ltda.

En barcelona

El Empresario.

Si lo hubiera hallado

Puede producirle una serie por estar tanto tiempo

Guía para secretarias

APENDICE 7
BIBLIOGRAFIA DE CONSULTA PARA SECRETARIAS

Botta, Mirta: *Comunicaciones escritas en la empresa*, Ed. Granica, Buenos Aires-Barcelona, 1994.

De la Bedoyere, Quentin: *Cómo resolver problemas en equipo*, Ed. Granica, Buenos Aires-Barcelona, 1992.

Demory, Bernard: *Convencer con la palabra*, Ed. Granica, Buenos Aires-Barcelona, 1994.

Devers, Thomas / Fournis, Chantal: *Usted y su jefe*, Ed. Granica, Buenos Aires-Barcelona, 1994.

Diccionario de la Real Academia Española, Ed. Espasa Calpe, Madrid.

Gammonet, François: *Cómo administrar mejor su tiempo*, Ed. Granica, Buenos Aires-Barcelona, 1991.

Kozmetsky, Ronya: *La mujer en los negocios*, Ed. Granica, Buenos Aires-Barcelona, 1992.

Moliner, María: *Diccionario de uso de la lengua española*, Ed. Aguilar, Madrid.

Seco, Manuel: Diccionario de dudas de la lengua española, Ed. Aguilar, Madrid.

NOTAS

NOTAS

Printed in the United Kingdom
by Lightning Source UK Ltd.
119912UK00001B/96

9 788475 774787